知っている人だけが得をする

定年前後のお金の選択

JN110330

森田悦子

青春新書
INTELLIGENCE

はじめに——定年後こそ、人生を楽しむときです！

値上げラッシュや年金額の実質目減り、退職金増税など、老後の家計に打撃を与えるニュースが日々報じられています。かつては、老後2000万円問題や消えた年金といった問題がメディアを賑わせたこともありました。

そのせいか、老後＝不安という図式が定着し、定年を意識する世代だけでなく、若い世代の中にも老後不安を抱える人は少なくないようです。

本来、定年は、子育てから解放された世代が激務や重い責任からも解き放たれて、新しい働き方や生き方にチャレンジできるようになる節目です。自分の時間が増え、今までできなかったことにもトライできる、まさに第二の人生のスタート。まだまだ体は若く、元気なので、どんなチャレンジだってできるはずです。

それなのに、老後の不安に押しつぶされそうになっている人の、なんと多いことでしょうか。「人生100年時代」が間近に迫る中、定年後の30年近くある年月を不安の中で過ごすなんて、とても残念なことです。特にお金の問題は深刻で、老後や年金の不安が、あらゆる世代の消費行動を大きく制限しているような気がしてなりません。

確かに老後のお金は重要な問題で、決して軽視すべきではありません。でも、そればかりにとらわれて、定年前後の長い時間を不安の中で過ごすのはとても残念なことです。

不安というのは、お化けのようなものです。本当にいるかどうかもわからない、根拠もない存在なのに、姿が見えず正体がわからないから怖いのです。でも、老後の不安はお化けと違って、分解していけばその姿がはっきりと見えてきます。一つひとつに対してはどれも対策や解決策があり、最終的には悩んでも仕方がないことしか残りません。

定年前後には、たくさんの選択を迫られます。恐ろしいお化けを前にしてどうすればいいのかわからないことでも、知識があれば大丈夫。正しい選択肢や損をしない選択肢、そして自分に最適な選択肢を、自信を持って選び出すことができるはずです。その選択の一つひとつが老後の不安を解消し、第二の人生を輝かせていくことにつながるのです。

本書は、定年前後のさまざまな選択を求められる局面で、自信を持って判断し、不安を解消してもらうために書き上げた一冊です。むずかしい制度や年金のしくみなども、できるだけわかりやすく、理解しやすいよう丁寧にひもときました。本書が読者の皆さんの第二の人生を充実させる助けになれば、これほどうれしいことはありません。

２０２３年10月

森田　悦子

知っている人だけが得をする　定年前後のお金の選択　目次

第二章

あなたは「退職金」最後の世代!?

定年と退職金の損トクを知る

第三章

「老後40年時代」を生き抜く
年金とこれからの生活

第四章

金融資産などの運用と〝手仕舞い〟の知恵

どうする人生の出口戦略!?

第五章

最後まで残る資産にケジメをつける

不動産、生命保険…などの老い支度

本書は2023年10月現在の情報に基づいています。本書で紹介した情報によって生じた損失等については、著者・出版社ともいかなる責任も負いかねます。投資の最終決定は自己責任で行うようにしてください。

編集協力：菱田編集企画事務所／シニアテック研究所
組版ＤＴＰ・イラスト：イノウエプラス／webdirector.jp

第一章

「定年年齢」は自分が決める!?
リタイア前後の暮らしと仕事

完全なリタイアはすべての人に幸せをもたらすとは限りません。むしろ、現役世代とは違う働き方にチャレンジすることで、第二の人生を充実させることもできます。

Q 定年退職がトクか、それとも働き続けるのがトクか？

A 60代は若い！ なんらかのかたちで働き続ければ、老後が充実します

悠々自適な〝ＦＩＲＥ〟生活にあこがれる人もいますが、心身ともに元気な60代は、なんらかのかたちで働き続けるほうが圧倒的にトクします。

仕事を続けることの最大のメリットは、やはり収入です。50代以前と同じ額を稼ぎ続けられる人は多くありませんが、たとえ額が減っても決まった収入があるのとないのでは、その後の家計に大きな差が生じてきます。

たとえば、月の手取り収入20万円で60歳から64歳までの5年間働き続け、65歳から69歳

までの5年間を手取り10万円で働き続けた場合、10年間の収入の合計額は1800万円に達します。かつては「老後2000万円問題」が波紋を呼んだこともありましたが、60代でこれだけのお金を稼げるのに、その機会を放棄するのは、よほど蓄えが潤沢にある人でなければ現実的ではありません。

70歳まで働ける時代はすぐそこに！

現状では社員の定年年齢を60歳に定める企業も多くありますが、本人が希望すればなんらかのかたちで65歳まで雇用することが企業には義務づけられています。また、2021年に施行された改正高年齢者雇用安定法で、70歳までの定年延長や業務委託契約等による創業支援も努力義務になったことから、今後は70歳まで働き続けられる機会が増えたり、退職後も業務委託で退職者に仕事を発注したりする動きが広がっていくでしょう。

仕事を通じて社会と関わり続けるメリットも見逃せません。よほど充実した趣味やライフワークを持つ人なら別ですが、仕事がない生活はいかにも張り合いがなく、生活にメリハリが失われ、すぐに飽きてしまうものです。適度なストレスがあるからこそ、休日を楽しむこともできます。心身の充実のためにも、元気なうちは働き続けるほうが健全です。

本書で詳しく解説しますが、長く働き続けることで老後の生活の選択肢が増え、むしろ経済的な自由が近づきます。激務に縛られる日々から卒業したいなら、リタイアするのではなく、ペースを落とした働き方やストレスの少ない仕事にスイッチするのが正解です。何歳まで、どんなかたちで働き続けるのか、定年後の長い人生をどうすごしていきたいか。必要な情報を収集しながら自分自身で計画していくのが、満足できる老後を実現するコツです。

この項のポイント

- 安定した収入を確保したうえで、理想の老後のすごし方を思い描いてみましょう！

Q 退職金割増の早期退職の募集に、応募するのはトクな選択か？

A 転職でステップアップできそうならおトク、そうでないなら見送りを！

定年を待たずに退職することで、割増された退職金を受け取ることができるのが早期退職です。業績悪化や事業縮小による人員削減を目的とするケースが大半ですが、そこまで深刻な事情がなくても組織の若返りのために実施する企業もあります。

早期退職のメリットは、なんといっても退職金を規定よりも多く受け取れることです。また、離職の理由が自己都合ではなく会社都合となるため、失業給付を受給する際の扱いも有利です。退職する前の賃金をもとに1日あたりの金額が計算される失業給付の「基本手当」は、自己都合退職であれば受けるまでに2カ月待つ必要がありますが、会社都合であれば7日の待機で受け取ることができます。受給できる日数も会社都合であれば最長で330日分と、自己都合の150日分を上まわります。転職活動をする際も、「希望退職に応募した」というのは前職の離職理由としても説明しやすいでしょう。

早期退職後の再就職は簡単ではない

ただし、生涯得られる収入は退職金の割り増しと失業給付の額を足し合わせたとしても、定年まで勤め上げ、その後も再雇用で働き続けるほうが大きくなることが大半です。たとえ退職金が1000万円上乗せされたとしても、年収500万円の人が55歳で早期退職すれば5年分2500万円の収入を失います。さらに、同じ会社で60歳以降に働き続ける権利も放棄することになるので、そのダメージはきわめて大きいのです。

しかも、そのままリタイアとなれば厚生年金に加入する期間が短くなるので、老後に受け取る年金が減るデメリットもあります。

前職と同じ待遇で転職できれば退職金の割増分が儲かることになりますが、現実として早期退職の対象となる世代が年収を大きく落とさずに転職できるケースはそれほど多くありません。

もともと、転職や独立を真剣に考えていて、そんなときにちょうど早期退職の募集があったという場合のほか、需要の高いスキルを持っていて転職先に不自由しないような人であれば早期退職はとても有利な選択肢です。一方、そうでない場合は目の前の割増退職金に釣られて退職を選ぶのはリスクが高いといえます。

この項のポイント

- 割増退職金と失う収入のバランスなどを、慎重に検討しましょう

Q 再雇用、転職、独立……定年後は、どんな働き方を選ぶべき？

A 低リスクなのは再雇用、自由な働き方をしたいなら業務委託という手も！

60歳以降の働き方の選択肢は、大きく次の四つに分けることができます。

(1) 同じ会社で働き続ける

定年年齢の引き上げがなされている企業であればそのまま働き続けられますが、多くの場合はいったん定年退職して新しい勤務条件で再雇用の契約を結び直します。定年前と同じ処遇であるケースもありますが、定年前の役職が解かれて職責の範囲が狭まったり、嘱託の立場になったりするケースが多く、グループ会社の勤務になるケースもあります。その場合、収入は3分の2から半分程度に減ってしまうことが多いようです。

それでも、定年後も引き続き厚生年金に加入して働き続けるので、65歳以降に受け取る年金を増やす効果があります。iDeCo（個人型確定拠出年金、144ページで詳述）に加入している人なら、これらの資金も増やすことができます。なにより慣れた職場で働き続けるので心身の負担が少なく、65歳まで安定して働き続けたい人に向く選択肢です。

(2)　思い切って転職する

シニアの転職で収入アップできるケースは多くありませんが、再雇用で収入が減るのが避けられないのであれば、転職に挑んでみるのも一つの手です。スキル次第では年収を維持・アップできる可能性も十分ある半面、希望する転職先がなかなか見つからないリスクもあります。他社でも需要のあるスキルを持っている人や新しいチャレンジを求める人に向く選択肢です。

この場合、早めに自分のスキルを分析し、転職先の検討を始めておくと成功率は高まります。

(3) 独立・起業する

会社やお店を新たに立ち上げたり、自営業として独立したりする夢を持つ人なら、定年退職を機にその一歩を踏み出すのもいいでしょう。内容によっては多額の資金が必要になり相応のリスクが伴いますが、少ない元手で始めることが可能なビジネスもあります。

ただし、当面は収入が不安定になりがちなので、ある程度の蓄えは必須です。

(4) それまでの勤務先から業務委託として仕事を発注してもらう

これは、再雇用と独立起業という選択肢を足して2で割ったような働き方をイメージしてもらうとわかりやすいでしょう。立場としてはフリーランスや自営業者になるので独立ではありますが、もとの勤務先からある程度の発注量が見込めるので、なかなか仕事を獲得できず収入が安定しないというリスクを抑えられます。

こうした働き方は属人性や自由度の高い業務であれば十分可能です。仕事によっては在宅で好きな時間や曜日に仕事ができるので、自由な働き方をしたい人に向いています。厚生年金に加入する必要がないことから在職老齢年金（121ページ）の対象にならず、収入が大きくなっても年金を全額受け取ることができるメリットもあります。

もちろん、仕事が軌道に乗れば他社にも取引先を広げていくことができ、法人化してビジネスを拡大していくこともできます。比較的新しい選択肢で、企業側にとっても社会保険料の負担がなくなるメリットがあるので、希望する人は再雇用を打診された際に、「業務委託で仕事を続けることはできないか」を自分から提案してみる手もあるでしょう。

早いうちから検討はしておきたい

60歳以降の働き方については一朝一夕で納得できる結論を出すのはむずかしいので、なるべく早いうちから検討しておくことが重要です。特に転職や独立を考えるなら、情報収集や人脈を築いておくなどの準備を進め、早期退職の募集があったらすぐに手を挙げるつもりでいると、スムーズにセカンドキャリアをスタートできます。

この項のポイント

● 定年後の働き方は多様。なるべく早く検討を始め、納得いく結論を出す

Q 再雇用後の給料が少なすぎる！拒否するのはトクな選択か……

A 給付金や天引き額の減少があるので、手取りはそこまで下がりません

60歳以降に同じ会社で働き続ける再雇用では、いったん定年退職して新しい雇用契約を結ぶことが多く、職責の範囲が狭くなったり役職を解かれたりして給料が大きく減るのが一般的です。企業には65歳まで希望する人の雇用を継続する義務がありますが、待遇まで維持する義務はないからです。

収入が定年前の2～3割減るようなケースもあれば、半分以下になることもめずらしくはありません。

「高年齢雇用継続給付金」で収入減を穴埋め⁉

でも、あまりがっかりする必要はありません。雇用保険に5年以上加入し、60歳以降の給与が60歳時点の75％未満に下がるなど一定の要件を満たせば、「高年齢雇用継続給付」という給付金を受け取ることができます。そのため、給料の額面ほどには手取りの収入は減りません。

定年時の給与に対し60歳以後の給与が61％以下になった場合、新しい給与の15％相当額が高年齢雇用継続給付金として支払われます。61％以上だと徐々に減額され、75％以上になると給付金はなくなります。15％を上限に、給与が下がった人ほど給付の割合が多くなるしくみです。

たとえば、60歳時点の賃金が月額30万円で、再雇用後に18万円に下がった場合、18万円の15％に相当する2万7000円が高年齢雇用継続基本給付金として支給されます。

また、給与が大幅に減ると、源泉徴収される社会保険料や税金の額が減ります。このケースでは、厚生年金保険料と健康保険料、雇用保険料の本人負担の合計は、定年前より約1万9000円安くなる計算です（協会けんぽ、東京都、2023年度の場合）。さらに、天引きされる所得税も約3600円減ります。住民税は前年の所得で計算されるので、再雇用の最初の年は高くなりますが、翌年からは大きく減ります。

これらの額を合わせると、給料の額面は12万円減っても、給付金を受け取ったり社会保険料や税額が減ったりすることで、実質的な手取りの減少は7万円程度で済み、住民税が減る2年目以降はさらに手取りが増えます。

ただし、高年齢雇用継続基本給付金は2025年度に60歳になる人以降は、新しい賃金の給付率が最大15%から10%へと引き下げられるという残念なニュースがあります。一方、会社が賃金を増額した場合に、その一部を助成金として支給する制度が開始されるので、手取りは維持される可能性もあります。

また、65歳前に受給できる特別支給の老齢厚生年金（119ページ）の対象となる1961年4月1日以前生まれの男性と、1966年4月1日以前に生まれた女性は、高年齢雇用継続基本給付金を受けると年金の一部が支給停止になりますが、減額はわずかなので、高年齢雇用継続基本給付金を受けるほうが有利です。

「同日得喪《どうじつとくそう》」の手続きを忘れずに！

毎月の給料から天引きされる社会保険料は、給与の額で決まります。本来は、給料が減ったことが社会保険料の減額に反映されるのは4カ月後なので、再雇用がスタートしてから3カ月は従来の高いままの社会保険料を払い続けなければならないことになります。すぐに社会保険料の額を下げたい場合は、勤務先に「同日得喪」の手続きをしてもらう必要があります。同日得喪の手続きをすると社会保険料負担が軽減される半面、老後に受け取る年金が少し減るため自動的には行ってもらえず、希望を聞かれることもあります。

多くの場合、年金減額のデメリットより社会保険料負担軽減のメリットのほうが大きいので、同日得喪の手続きをしてもらえるよう労務や人事の部署に要望しておきましょう。

再雇用では給与の水準が下がる代わりに業務の負担が減るので、60歳をすぎたら仕事以外の時間を楽しむよう、気持ちを切り替えてみるのもいいことです。再雇用中に仕事以外の時間を充実させ、少ない生活費での生活に慣れておくことは、豊かな老後をすごすためにはとても重要なことです。

なお、役職を解かれても、業務の内容や責任の範囲がほとんど変わらず、給料だけが大きく下がる提案をされた場合は、あきらめずに抗議すべきです。いかなる雇用形態であっても、「同一労働同一賃金」の原則に反する待遇は認められません。

この項のポイント

- 額面の収入にこだわりすぎないで！
- 2025年度から高年齢雇用継続基本給付金の水準が引き下げられる
- 「同一労働同一賃金」の原則に反するなら、あきらめず交渉しましょう

Q 再雇用は65歳まで、その後はどうするのがトクか？

A ペースを落として無理のない働き方をするのもアリです

年金は原則65歳から支給が始まり、再雇用では65歳で2度目の定年となる企業が多いので、そこまで働けばあとはのんびり余生を楽しみたいと考える人は多いかもしれません。もちろんそれもアリで、仕事以外のことをしてすごしたい人には最適な選択肢となるでしょう。しかし、なんらかのかたちで働き続けることも、豊かな老後のための有力な選択肢です。

すでに企業は、希望する従業員に対して原則65歳まで雇用機会を確保することを義務づけられています。さらに、2021年4月に施行された改正高年齢者雇用安定法では、70歳までの就業機会の確保が努力義務と定められました。

厚生労働省の高年齢者雇用状況等報告（令和4年）によると、70歳までの高年齢者就業確保措置を実施済みの企業は6万5782社で全体の27・9％、前年より2・3ポイント増加しています。企業規模別では、従業員数301人以上の企業が20・4％であるのに対し、従業員数が300人以下の中小企業は28・5％と高くなっています。中小・零細企業のほうが人手不足は深刻で、シニアの雇用継続に積極的なのではないでしょうか。

月数万の収入もあるとないでは大ちがい

将来的にも労働力不足が劇的に解消する見込みは立っていない以上、シニアが働き続けられる企業は今後も増えていくはずです。ただ、企業は雇用を継続する対象者の基準を定めて絞り込んでもよいことになっているので、70歳までの継続雇用制度がある企業でも、働き続けられる人とそうではない人が出てくることは考えられます。

図表1-1　シニア層従業員の年収（パート・アルバイト）

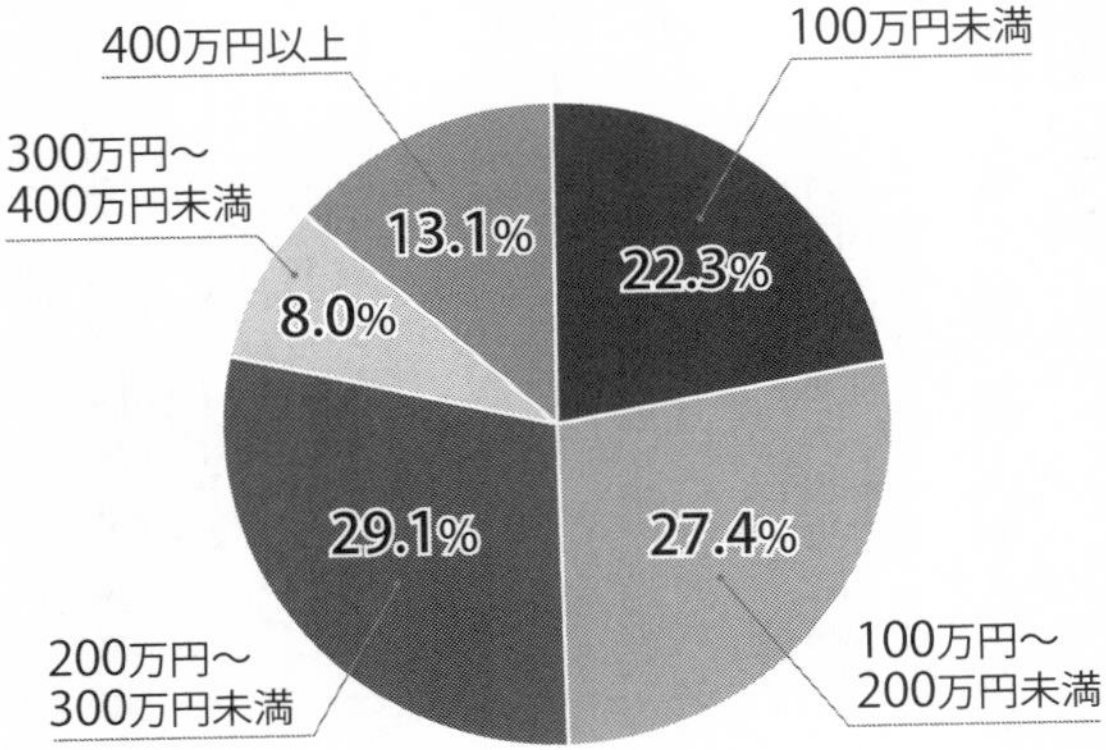

自分の時間を増やしたいなら、フルタイム勤務にこだわる必要はありません。65歳を超えるとパートタイムや週2～4日程度の負担の少ない働き方の選択肢が用意されることは多く、別の仕事を探すにしてもこうした仕事はたくさんあります。いきなり仕事がゼロになって生活が単調になってしまうよりは、多少のルーティンワークを挟んでいるほうが、休日も充実するでしょう。

ただし、こうした無理のない働き方をすれば、当然フルタイムで働く場合よりも収入が大きくダウンします。リクルートジョブズリサーチセンターの「シニア層の就業実態・意識調査2023（企業編）」によると、継続雇用以外のパート・アルバイトのシニア従業員の年収は、約半数が200万円未満です（前ページ図）。

フルタイムで稼いできた人にとって、月収が10万円台や、それ以下となる働き方はイメージしにくいかもしれません。しかし、収入が年金だけという生活と数万でも上乗せできる生活では、安心感がまったく違います。65歳から70歳までの5年間、働いて月5万円でも収入を得られれば、トータルでは300万円。「老後2000万円」のうち300万円を無理のない働き方で補えるのであれば、メリットは決して小さくありません。

年金受給の繰り下げに挑戦できる可能性も

年金支給が始まる65歳以降も働き続けて収入を得られれば、年金の受給を繰り下げ、年金額を増やすことも視野に入ります。年金の繰り下げとは、年金を受け取り始める時期を遅らせることで、年金額を増やすことができるしくみです（87ページで詳述）。本来65歳で受け取りを開始する年金を70歳まで遅らせることができれば、受け取る年金の額は42％

も増やすことができ、老後の生活がより安定します。

ただし、65歳を超えると希望どおりの職種に就くことはむずかしくなり、特にホワイトカラーの仕事に就ける人は限られます。介護、調理、接客、警備、清掃、マンション管理といったシニア層の求人が比較的多い職種にターゲットを広げると採用されやすくなります。多くは未経験者も歓迎しており、70代になっても自分のペースで長く続けられる仕事が多いので、ぜひトライしてみることをおすすめします。

この項のポイント

- 70歳まで働き続けられる環境は、今後整っていくことを前提に考える
- 65歳でいきなり仕事がなくなるより、パートタイムの働き方に移行するほうが、ハリのある生活を続けることができる
- 収入はわずかであっても家計へのプラス影響は大、年金繰り下げの選択肢も視野に!

Q 65歳で退職、辞める日を調節するだけでトクできるってホント？

A 65歳の誕生日の前々日までに退職すれば、失業給付が有利に

65歳で継続雇用の期間が終了して退職する場合、その退職の日付によって、あとからもらえるお金が大きく変わることがあります。

65歳という年齢は、受けられる失業保険（失業給付）のしくみが変わる年齢です。何歳であろうと新しい仕事を探して就職活動する人は失業保険の対象になりますが、65歳未満の人は若い人と同じ「基本手当」の対象となるのに対し、65歳からは「高年齢求職者給付金」という制度に変わり、受け取れる金額が大幅に減ってしまうのです。

失業保険は、退職する前の賃金をもとに1日あたりの金額を計算します。基本手当なら最大150日分受給できるのに対し、高年齢求職者給付金は50日分です。ですから、失業保険を受けながら次の仕事を探そうという人は、基本手当が受けられる日までに退職するほうが有利なケースが多くなります。

退職日を早めると逆に損するケースも

基本手当を受給するには、65歳より前（65歳の誕生日の前々日）までに退職すればOKです。そして、65歳になってからハローワークで求職の申し込みをします。ちなみに、基本手当の日数を残して就職すると支給は打ち切られますが、一定の要件を満たせば「再就職手当」（43ページ）を受けられます。

ただし、勤務先の就業規則などで退職日が「65歳の誕生日が退職日」などと定められている場合などは、退職時期を早めると離職理由が「自己都合」にされてしまうことがあります。すると、失業保険を受けるまでに2カ月待機する必要が生じます。2度目の定年退職であっても、その退職日は法律で決まっているわけではなく社内の決まりなので、融通を利かせられないか交渉してみる価値はあるでしょう。

また、再雇用の終了時にも退職金が出る場合、退職を数日早めると勤続年数が減ってその金額が減ってしまうこともあるので、事前に確認し、どちらが有利かを検討することをおすすめします。「退職所得控除」の額に影響する場合もあるので（62ページで詳述）、慎重に検討しましょう。

この項のポイント

- 会社の退職金制度や退職日の規定も確認し、損しないよう注意を！

Q 65歳以降の就職活動は無理しないほうがトクか？

A 生涯現役支援窓口など公的支援をフル活用しましょう

再雇用の期間が終了した65歳以上の求職者を重点的に支援する「生涯現役支援窓口」が、全国300カ所のハローワークに設けられています。この年代にふさわしい求人を開拓しているほか、ハローワーク以外の相談窓口の紹介もしてもらえます。さらに、履歴書、職務経歴書の書き方や面接の受け方、求職活動の方法などに関してシニア世代向けのガイダンスなどを実施しています。

ハローワークは国の機関ですが、こうした支援は都道府県単位でも実施しています。たとえば東京都の「東京しごとセンター」では、55歳以上向けのシニアコーナーを設け、求人紹介やキャリアカウンセリング、転職イベントや面接会、各種セミナーを行っています。

65歳以上になると清掃やビル・マンション管理、介護、調理など特定の職種の求人が中心になります。事務などの人気職種を希望する人ほど「不採用」の返事をもらうことも多いでしょうが、気分が後ろ向きになりすぎないように切り替えることが大切です。

また、65歳以上を歓迎している求人は、未経験でも可能な仕事が大半なので、勇気を出してトライしてみることも再就職を成功させるポイントの一つです。短時間の仕事や週数回の仕事も多いので、ダブルワークで掛け持ちするのもおすすめです。体力的にキツイと感じるようになったら、減らしていけばいいのです。

この項のポイント

- 未経験なのは皆同じ、あまり気後れせずトライしてみましょう

Q 失業保険は全部受け取ってから就職するのがトク？

A 早く就職できれば、お祝い金がもらえます

失業保険でもらえる基本手当は、離職前の半年間の給与から1日あたりの賃金額を求め、その約45～80％を「基本手当日額」とし、決められた日数分を受け取るしくみです。60～64歳で定年を迎える人なら、最長で150日分の基本手当を受け取れます。

基本手当を受給するには就職活動をしていることが前提なので、途中で就職が決まることもあります。その場合は基本手当の日数が残っていても、支給は打ち切られます。

基本手当をもらいきってから再就職しようと活動自体を先送りしようとする人がいます

が、企業はブランクの少ない人を採用したがるので、時間がたつほど内定を得るのがむずかしくなります。基本手当の日数にはこだわらず、1日も早く再就職先を決めるつもりで活動するのが、結局は条件のよい就職先を決めることにつながります。

早く就職が決まった人には、もらえなかった基本手当の代わりに「再就職手当」というお祝い金のような手当が支給されます。基本手当の残日数が3分の2以上あれば、もらえるはずだった基本手当総額の7割、3分の1以上残っている人は6割の額です。

再就職手当を受けた人で、再就職先の賃金が前職の賃金より少ない場合は、「就業促進定着手当」という給付も受けられます。結論としては、再就職を早く決めることでもらい損ねる給付はそこまで大きくありません。基本手当にこだわりすぎないことです。

この項のポイント

- 基本手当の残りにこだわらず、再就職先は早く決めたほうがトータルでは有利

Q 定年後の健康保険。任意継続と国保加入、どちらがトクか？

A 再雇用なら考える必要ナシ、独立や退職なら1年目は任意継続に

定年したあとも、生涯負担し続けなければならない出費に健康保険の保険料があります。利用できる健康保険の制度は複数あり、どれを選択するかで毎月の支出額が大きく異なることもあるので慎重に選ぶ必要があります。

健康保険には主に、次の四つの選択肢があります。

(1) 勤務先の健康保険に加入する

再雇用や再就職で引き続き会社員として働く場合は、勤務先の健康保険に加入すること

になるので選択の余地はありません。

ただし、いずれその会社を退職する際には、次の(2)〜(4)のいずれかを選ぶことになります。定年退職後に就職活動に専念する時期がある人や自営業者として独立・起業する人なども同様です。週20時間未満のパート・アルバイトも勤務先の健康保険に加入しないので、同様に自分で選びます。

(2)　家族の被扶養者になる

(3)　退職前に加入していた健康保険を任意継続する

(4)　国民健康保険（以下、国保）に加入する

いずれの場合も、医療機関の窓口で支払う自己負担額は3割（69歳まで）と変わらないので、選択のポイントは毎月支払う保険料です。

扶養に入る条件はかなり厳しい

(2)〜(4)のうち真っ先に検討したいのは、会社員の子どもや配偶者の扶養に入る（被扶養

者になる）⑵のパターンで、保険料を払わなくても健康保険のサービスが受けられます。パートナーより一足早く退職する場合に、配偶者の扶養に入る人が多いようです。

ただし、そのためには年収が１８０万円未満（60歳以上の場合）で、扶養してくれる家族の年収の半分未満という要件を満たす必要があります。フルタイムで働いていたり、年金の受給が始まると対象外となるケースが多く、利用できる人は多くはありません。

また、転職活動中で失業保険の基本手当を受給している間も、基本手当の日額が５０００円以上の場合は年収が１８０万円とみなされるので、扶養に入ることは認められません。

この要件を満たせない人は⑶の任意継続か⑷の国保のどちらかを選ぶことになります。

任意継続は退職まで在籍していた会社の健康保険（協会けんぽか健康保険組合）を、退社後も2年間に限って加入し続けられる制度です。在職中は保険料を勤務先と折半していましたが、任意継続にすると全額自己負担になります。といっても、本人負担額の上限が設けられているので、すべての人の保険料が退職前の倍額になるわけではありません。協会けんぽの場合、月額保険料の上限は3万5460円（令和5年、東京都）です。

任意継続のメリットは、専業主婦（夫）や子などの家族を扶養に入れることができるので、その家族の保険料は負担しなくても健康保険のサービスを受けられることです。

また、健康保険組合には人間ドックや保養所の利用権、高額療養費（180ページ）に上乗せして医療費を払い戻してくれる付加給付という独自サービスを設けているところもあるので、こうしたサービスの利用を続けたい人には魅力的な選択肢です。

(4)の国保は自営業者などが加入する健康保険です。保険料は前年の所得によって決まるので、退職直前の収入が高かった人は1年目の保険料が高くなる傾向にあります。それでも、定年や再雇用後に収入がダウンすれば2年目以降は安くなるケースが多くなります。ただし、任意継続と違って家族一人ひとりに保険料がかかるため、扶養家族を持つ人は保険料負担が重くなる傾向にあります。

支払う保険料の目安は任意継続なら加入していた健康保険、国保なら市区町村役場で試算してくれるので、問い合わせて比較検討してみましょう。最初の年は任意継続が安く、

2年目以後は国保が安くなるケースが多いようです。

任意継続は2年間の加入が原則ですが、毎月の保険料を期日までに納付しないとその翌日に被保険者の資格を失います。その場合は国保に加入でき、市区町村役場で手続きすれば、保険証もその場で発行してもらえます。

トータルでみると、定年で再就職しない場合、1年目が任意継続で2年目は国保に加入という選択がいいでしょう。

この項のポイント

- いずれは自分で健康保険に加入しなければならない
- 保険料負担がない家族の被扶養者が最も有利
- 1年目が任意継続、2年目は国保に加入がトクなことが多い

Q 学び直しをしたいけど費用が心配、おトクにスキルアップする方法は？

A 受講料の70～20％が補助される公的制度があります

これまで仕事一辺倒だったけれど、定年を機に学び直し（リスキリング）にチャレンジしてみたいと考える人もいるでしょう。人生１００年時代、50代や60代の人にとってもあと10年、20年働き続けるのが当然の時代で、学びや資格取得に遅すぎることはありません。特に再雇用後は残業も減り、時間にも余裕ができ、学び直しの絶好のチャンスです。

時間はなんとかできても費用が……という人も、あきらめる必要はありません。会社員として働く人にはおトクに学び直しができる「教育訓練給付制度」を利用できます。

「三日坊主」では支給を受けられないので、注意しよう

教育訓練給付制度は、厚生労働大臣の指定する民間のスクールや通信講座などを受講し修了すると、支払った学費の一部が支給される雇用保険の制度です。難易度の順に、専門実践教育訓練、特定一般教育訓練、一般教育訓練の三つの制度があります。

最もむずかしい専門実践教育訓練は看護師や美容師、保育士などの資格のほか、ＩＴ関連スキルなど中長期的なスキル取得を目的としており、最大で受講費の7割が支給されます。最も取り組みやすい一般教育訓練は簿記や英検、マンション管理士、ファイナンシャルプランナーなどの資格取得が可能で、補助されるのは受講費の2割、最大10万円です。

初めて制度を利用する場合は雇用保険の加入期間が1年以上（専門実践教育訓練は2年以上）あればＯＫで、会社員として働いている人であればほぼ対象になります。オンラインや通信制の講座も多く、通学の場合も夜間や土日に対応する講座が多いので、働きながら学ぶことも可能。勤め先を辞めた人も1年以内であれば利用できるので、退職後の学び

図表1-2　国から補助される主な資格・講座
（一般教育訓練）

情報関係の資格や講座

・Web クリエイター能力認定試験
・Microsoft Office Specialist 2010 、2013 、2016
・CAD 利用技術者試験、建築 CAD 検定
・Photoshop クリエーター 能力認定試験
・Illustrator クリエーター能力認定試験

専門的サービス関係の資格や講座

・中小企業診断士、司書・司書補

事務関係の資格や講座

・実用英語技能検定、TOEIC 、TOEFL
・中国語検定試験、HSK 漢語水平考試
・建設業経理検定
・簿記検定試験（日商簿記）

医療・社会福祉・保健衛生関係の資格や講座

・同行援護従事者研修

営業・販売関係の資格や講座

・インテリアコーディネーター

技術・農業関係の資格や講座

・土木施工管理技士、管工事施工管理技士
・建築施工管理技術検定

その他、大学・専門学校等の講座

・修士・博士、科目等履修
・履修証明プログラム

直しにも活用できます。

めざした資格試験に合格したかどうかは問われませんが、一般教育訓練では、通学なら出席率8割以上、通信の場合も課題の提出率が8割以上である必要があるほか、修了試験の正答率が6割以上など、支給の要件を満たす必要があります。

一般教育訓練は対象となる講座やスクールに制度を利用する旨を告げて手続きし、修了後にハローワークに申請します。専門実践教育訓練と特定一般教育訓練は、事前にハローワークで受給資格確認などが必要です。いずれの場合も最寄りのハローワークに問い合わせれば教えてもらえます。対象講座は「教育訓練給付制度検索システム」で検索できます。

この項のポイント

- 会社員の期間と離職後1年間は、おトクに学び直しができる教育訓練給付制度を利用
- 定年前後から学びをスタートしても遅くはない

COLUMN 1

完全無料でスキルアップできるハロートレーニング

公共職業訓練は完全無料で、シニアも受けられる

　失業保険を受給中なら、無料の公共職業訓練（ハロートレーニング）を受けることも可能です。目的は再就職の実現なので、訓練の内容は就職活動でより評価されやすい実践的なものが中心です。多くのコースは年齢などの制限はなく、まったくの初心者でも大丈夫。訓練の期間は3～6カ月程度が多くなりますが、1～2年と長期の訓練もあります。

　その内容は、簿記やワード、エクセル、医療事務、経理事務などの事務系のほか、機械加工、自動車整備、建築、造園、プログラミング、Webデザイン、第一種電気工事士や宅地建物取引主任者、介護職員初任者研修などの資格取得をめざすコースもあります。IT関連ではオンラインで受講できるものもあります。専

門学校などに委託されている訓練も多く、専門講師から指導を受けることができます。

受講申し込み、面接・筆記試験を経て、就職もサポート

ハロートレーニングを受講するには、ハローワークで求職の申し込みをする際、職業相談を受けて訓練の受講申し込みをします。必要と認められれば希望するコースの面接・筆記試験を受験し、合格してハローワークから受講あっせんを受けることで受講できます。

テキスト代は自己負担となりますが、受講料は無料で、基本手当を受給しながら訓練を受けることができます。しかも、訓練期間中に基本手当の支給期間が終わっても、訓練が終了する日まで支給が延長されるメリットがあります。

訓練受講に要する費用として、日当にあたる「受講手当」や交通費にあたる「通所手当」なども支給されます。さらに、世帯収入や金融資産などの要件を満たせば、月10万円の職業訓練受講給付金が支給されることもあります。もちろん、就職のサポートもしてもらえます。

ただし、希望するコースが常に開講しているわけではなく、時期や地域によって受けられるコースは異なります。また、基本手当の支給残日数が少ないと受講できないことがあります。

なるべく早くハローワークに相談して必要な手続きを進めましょう。

第二章

あなたは「退職金」最後の世代!?
定年と退職金の損トクを知る

定年後の生活を支えてくれる柱の一つが退職金です。今、退職金のあり方も変わろうとしています。できるだけ有利に受け取り、活用していくための知識を持ち、退職金だけに頼らない生活設計をしていくことも重要です。

Q 退職金の税制が変わる！早めにもらったほうがトク？

A 当面の間は経過措置などで現行制度が継続すると考えられます

厚生労働省の調査によると、従業員が30人以上の企業の約8割が退職金の制度を持っています。退職金も本来は、給料やボーナスと同様に課税対象になりますが、退職金は公的年金と並んで老後の生活の基盤となるお金です。そのため、税金を軽減できるしくみがあります。

本来は、支給額に応じて5〜45％の税が課されるところを勤続期間が長い人ほど非課税となる枠（控除）が多くなり、支払う税金が少なくなるのです。これを「退職所得控除」

図表2-1　現行の退職所得控除の計算式

勤続年数（＝A）	退職所得控除額
20年以下	40万円×A （80万円に満たない場合には、80万円）
20年超	800万円＋70万円×（A－20年）

といいます。

勤め上げることが有利でなくなる可能性も

退職所得控除は20年を超えて勤めた人の優遇幅が大きくなっています。控除額は勤続20年までは1年につき40万円、20年を超えると年70万円に増額されます。たとえば、同じ企業に20年勤めた人なら800万円まで、40年勤めた人であれば2200万円までは非課税で退職金を受け取ることができます。

そもそも勤続年数が長いほど有利になるしくみは終身雇用を前提としており、転職を妨げ、雇用の流動化を阻害していると指摘されてきました。そこで政府は「経済財政運営と改革の基本方針２０２３」で、勤続年数による税優遇の格差を是正するとしています。このため、今後は長く勤めた人の優遇がなくなったり縮小したりする可能性もあります。

ただし、個人の老後の生活に大きくかかわる税制のため、当面はなんらかの経過措置が設けられ、事実上は現行制度がしばらく継続する可能性が高いと考えられます。現行制度では同じ会社に21年以上勤めた人が退職金の税では有利になりますが、税制の改正やその内容については、最新情報をチェックするようにしましょう。

この項のポイント

- 税の改正やその内容について最新情報をチェックしよう

Q 退職日を1日遅らせると、退職金の「手取り」が増えるってホント？

A 退職所得控除を1年分増やして、退職金の税金を減らせることもある

退職所得控除は勤続年数が長いほど大きくなって税金を減らせるため、退職金の手取りを増やすことが可能です。20年勤めれば800万円までは無税で、21年なら870万円、22年なら940万円と、1年長く勤めるごとに70万円の控除額が追加されていきます。

60歳の定年退職時点で退職金を支払い、それ以後の再雇用で働き続けた社員には、次の退職時に2度目の退職金を支給してくれる企業もあります。この場合は、60歳からの再雇用で勤務した年数で退職所得控除を計算します。

勤続年数の数え方は切り上げなので、1年に満たない端数は1年と数えて計算します。このため、20年と1日勤めた人は21年とカウントされ、退職所得控除をより多く受けることができ、退職金の手取りが増えることになるのです。

退職日を1日遅らせるデメリットも考慮する

退職日をどう定めるかは会社の就業規則で決まっていますが、法律で決まっているわけではありません。そのため、本人の希望に添い、柔軟に運用してくれる企業もあります。少し遅らせれば勤続年数が1年増える場合は、定年退職日の調整ができないか交渉してみる手はあるでしょう。この裏ワザは2度目の退職金の支給時にも活用できます。

ただし、決められた退職日をずらすと定年退職の扱いではなくなり、自己都合退職になる企業もあります。離職理由が自己都合だと退職金が減額される場合があるほか、失業保険を受けるまでの待機期間が長くなってしまいます。定年ではなく自己都合になることで勤務先に大きな不利益はないので交渉すべきではありますが、退職所得控除を1年増やすことにこだわると、デメリットのほうが大きくなる場合があることは覚えておく必要はあるでしょう。

２０２３年の政府の骨太方針では、自己都合退職者の退職金を減額する労働慣行の見直しや、自己都合退職でも短い待機期間で失業保険を受けられるようにすることも検討されています。最新の状況をチェックして判断しましょう。

この項のポイント

● 退職日を遅らせるデメリットがないなら、勤続年数を増やす交渉をしたい

Q 一時金・年金・併用。退職金はどう受け取るのがトクか？

A まずは退職所得控除分を一時金で受け取りましょう

退職金は多くの場合、一時金として一括で受け取るか、年金として分割で受け取るか、あるいは両者を併用するかを選ぶことができます。単なる受け取り方の違いだけでなく、支払う税金の額が変わるため、注意が必要です。

退職金の額が退職所得控除の範囲に収まる場合は、一時金で全額受け取るのが最も有利になります。退職金の額が退職所得控除の額を超える場合は、控除を受けられる分だけ一時金で受け取り、はみ出した分を年金で受け取るとよいでしょう。年金で受け取る分には

「公的年金等控除」という控除があるので、この範囲内に収まれば超えた分も非課税で受け取ることは可能です。

公的年金等控除を活用すれば、65歳未満なら年60万円、65歳以上なら110万円までは無税で受け取ることができます。たとえば、勤続年数が40年で退職金が2500万円の場合、60歳の定年時に退職所得控除を受けられる2200万円を一時金で受け取り、残りの300万円を年60万円ずつ5年かけて受け取ると、公的年金等控除の範囲内に収まるので、全額非課税となる計算です（65歳以前の年金がない場合）。これから60歳を迎える人の多くは65歳から年金の支給が始まりますが、公的年金等控除は60歳から使えるので、この5年間の控除枠を活用すると有利になります。

年金受け取りなら運用益も期待できる

ただし、公的年金等控除は年金で受け取る退職金だけでなく、老後に受け取る公的年金や年金で受け取るiDeCoなども対象です。1年間に受けられる公的年金等控除の枠は

図表2-2　公的年金等控除額

	公的年金等の収入金額の合計額	公的年金等の控除額
65歳未満	130万円未満	60万円
	410万円未満	収入金額の合計額×0.25＋　27.5万円
	770万円未満	収入金額の合計額×0.15＋　68.5万円
	1000万円未満	収入金額の合計額×0.05＋145.5万円
	1000万円以上	195.5万円
65歳以上	330万円未満	110万円
	410万円未満	収入金額の合計額×0.25＋　27.5万円
	770万円未満	収入金額の合計額×0.15＋　68.5万円
	1000万円未満	収入金額の合計額×0.05＋145.5万円
	1000万円以上	195.5万円

限られているので、同じ期間に複数の年金を受給すると控除の枠をはみ出してしまうことが多くなる点には注意です。

公的年金を繰り下げ受給（87ページ）して受け取りを遅らせれば、繰り下げている間の公的年金等控除の枠が空くことになるので、退職金を10年受け取りにしても控除を利用しやすくなるでしょう。

年金受け取りにすると、年金資産を長く運用してもらえます。通常、年金資産は預金金利よりも高い利率で運用され、1～3％程度もめずらしくないので、年金資産が少し増えるというメリットもあります。ただし、自分自身で運用する企業型確定拠出年金（企業型DC）やiDeCoの場合は、株価が下がるなど市場環境が悪化すると資産が減ることもあり得ます。その場合でもiDeCoは75歳まで運用を続けられるので、株式市場の回復を待つこともできます。ただし、運用を続けてiDeCoの受け取りを遅らせると、その間は手数料がかかり続けるため、その額を確認しておきましょう。

退職所得控除と公的年金等控除は、企業年金による退職金制度（企業型確定拠出年金、確定給付年金など）のほか、企業年金を利用しない退職一時金や公的年金、ｉＤｅＣｏもすべて対象になります。複数の年金の受け取りを予定している場合は、退職所得控除と公的年金等控除を組み合わせることに加え、市場環境に目を配ったり、年金の繰り下げも検討するといった戦略も重要になります。

また、一時金で受け取る時期をずらせる場合は、ｉＤｅＣｏと企業型ＤＣを60歳で受け取って、５年経ってからそれ以外の一時金を受け取ると、退職所得控除をフルで２回使えるので覚えておきましょう。

この項のポイント

- 退職所得控除の範囲に収まるなら、一時金を選べば非課税で受け取れる
- 退職所得控除を超えた分は公的年金等控除を活用
- 年金の繰り下げや一時金受け取りの時期をずらす手も

Q 退職前後は税金が余計に天引きされることがあるってホント？

A 退職金や最後の年の給料で税金を払いすぎている場合があります

退職金にかかる税金が大幅に軽減される退職所得控除は、自動的に受けられるものではなく、「退職所得の受給に関する申告書」を勤務先に提出する必要があります。多くは勤務先から案内されるので指示どおり提出しておけば問題ありませんが、提出せずに退職してしまうと、20・42％という高い税率で計算された税金が天引きされてしまいます。退職金の支払調書を確認し、退職所得控除が適用されているかを必ず確認しましょう。

20・42％の税が天引きされてしまった場合でも、確定申告をすれば払いすぎた税金を取り戻すことは可能です。

また、申告書を提出して退職金の税を抑えた人でも、安心はできません。最後の年の毎月の給料から天引きされる税金が大きくなりすぎているケースが多くあるからです。

年末調整ができない場合は、自分で確定申告を

本来、給料から天引きされる税金は暫定的な額なので、会社に勤める人は毎年、年末調整をして計算し直し、天引きされすぎている分を戻してもらっています。生命保険料や地震保険料を払っている人や住宅ローン控除を受けられる人なども、払いすぎた税額を年末調整で還付してもらえます。

この年末調整はその名のとおり、年末にしかできません。12月末で退職する人なら、会社がこうした控除を含めて退職直前までの本来の税額を計算し、還付してくれるのですが、それ以外の月で退職する人は本来の税額の計算をやってもらえないのです。

この場合は、退職の翌年に自分で確定申告をすることで、払いすぎた税金を取り戻すこ

とができます。確定申告の期間がすぎていても、5年以内であれば還付申告ができます。申告に必要な源泉徴収票は通常、勤務先が送ってくれるものですが、届かない場合は連絡して送ってもらいましょう。

ちなみに、退職した年のうちに別の会社に就職した場合は、退職した会社から受け取った源泉徴収票を転職先の会社に提出すれば年末調整してもらえます。

この項のポイント

- 払いすぎた税金は、確定申告で必ず取り戻しましょう！

Q 退職金で住宅ローンを一括返済するのと温存するのと、どっちがトクか？

A 手元の資金が少なくなるなら見合わせを！

現在の日本で住宅ローンを返済している人の金利は低く抑えられています。低金利であれば、返済を終わらせることで負担を減らすメリットは大きくありません。また、団体信用生命保険（ローン契約者が死亡などで支払いができなくなった場合に保険会社が返済してくれる保険）に加入していれば、一括返済後はこのメリットも受けられなくなります。

なにより、一括返済すると手元の預貯金が大幅に減り、突発的にお金が必要になる事態に対応できなくなる心配があります。リタイア後はボーナスのような大きな収入が期待できない以上、無理に返済を急がずに資金を温存しておくほうが安心です。

返済せずに資産運用にまわす手もある

せっかく資金があるなら、ローン返済ではなく積み立て投資などの資産運用にまわしたほうが有利になる可能性もあります。1～2％台の安い金利のローンは借りたままでも、資産運用で5～6％の利益をねらえば、そのほうがお金は増える可能性が高いからです。

ただし、預貯金のほとんどを投資にまわすなど、リスクのとりすぎは厳禁です。

繰り上げ返済は、やりたくなったらいつでもできます。変動金利で借りている人は、いよいよ金利が上がりそうな局面が来たら、そのときに一括返済するという手もあります。

この項のポイント

- 低金利のもとでは住宅ローンの一括返済に大きなメリットはない

Q 退職金は温存するか、資産運用に挑戦するか、どちらがいい？

A 資産運用に挑戦するなら、典型的な失敗パターンに陥らないように！

これまで資産運用に興味はあっても、資金や時間に余裕がなくて先送りしていた人は多いかもしれません。退職金を手にしたのを機に、チャレンジしてみようという人もいるでしょう。

ですが、この対応そのものが典型的な失敗につながりやすいパターンです。スタートする際は特に慎重になる必要があります。

「買い損ねた→大きな資金→さあ投資だ！」は典型的な失敗パターン

資産運用の経験のない人が陥りやすい失敗パターンは、大きく分けて二つあります。一つは、「今、何を買えばいいのかわからない。もう少し勉強してから」などと思っているうちに何年も経ってしまい、「あのとき買っておけば儲かっていたのに」と悔しがるパターン。損はしていないので必ずしも失敗とはいえないのですが、せっかく興味とやる気があるのに利益を取り損ねてしまうのは残念な機会損失です。しかも、投資は経験と時間がモノをいうので、始めるなら早く始めたほうが圧倒的に有利です。

そしてもう一つは、金融機関の窓口や知人などにすすめられるまま大金を投じて失敗し、後悔するパターンです。買った金融商品が値下がりすると当然そのダメージは大きいのですが、値上がりして味を占めるとまた同じことを繰り返すので、いつかはリカバリーできないほどの大きな損失を食らってしまう可能性があります。

前者の先送りパターンを現役時代に経験した挙句、退職金を手にして後者の失敗パターンに突入する。これが定年世代の最悪の失敗パターンです。これだけは絶対に避けなければなりません。

投資はどんなに知識を蓄えても、実際にやってみないとわからないことがたくさんあります。そのため、知識が少なくてもとりあえずやってみることはむしろ必要です。投資では損失を抱える経験は避けられないので、少額から試して自分に合う投資を見極め、値動きにも慣れながら少しずつ額を増やしていくことが重要なのです。このプロセスに大金は必要ありません。退職金を待ったりせず、今すぐ始めていいのです。

初めて投資にトライする定年世代にも取り組みやすい投資の方法については、第4章で詳しく解説しています。

この項のポイント

- 退職金を待つ必要はないので、少額で今すぐ始めましょう

Q 退職金の〝置き場所〟は銀行の専用口座に預金するのが無難か？

A まずは「守るお金」と「増やすお金」に分けましょう

退職金を含め、手元にあるお金は「守るお金」と「増やすお金」に分けることからスタートしましょう。「守るお金」は病気や失業、あるいは急にお金が必要になったときのために備えるためのお金と、リフォームや旅行など近々使うことが決まっているお金です。この守るお金は文字どおり、元本が守られるところに置いておく必要があります。

これに対し、「増やすお金」は、減るかもしれないリスクを受け入れ、積極的に増やすために投資をするお金です。投資は、こちらのお金を使います。

守るお金と増やすお金はいくらずつ必要か、どんな割合で分ければいいかについては、その人の資産や収入、普段のお金の使い方などにもよるので一概にはいえません。まず守るお金がどのぐらい必要かをイメージし、余ったお金を増やすお金にまわしましょう。守るお金の目安としては、半年分の生活費プラス使う予定が決まっているお金です。投資は100円からでもできるので、増やすお金に大金を用意する必要はありません。最初は守るお金を多めにとっておき、あとから投資にまわしてもかまいません。

守るお金は銀行預金と個人向け国債で

守るお金は、銀行預金と個人向け国債に分けておくのがおすすめです。政府が発行する個人向け国債は、国にお金を貸すことで利息を受け取ることができる金融商品です。半年に1度利息を受け取りながら満期に償還を受けるしくみで、元本が保証される投資商品のなかでは金利が高いのが最大のメリットです。最も高い金利がついている「変動10年」の金利は0・51％（税引前、2023年10月）で、都市銀行の定期預金金利が0・002％

ですから、255倍の利息が付く計算です。「変動10年」であれば、買ったあとに市場金利が上昇することがあっても連動して上昇してくれます。

発行後1年を経過すればいつでも中途換金できますが、それまでは原則換金できないので、1年以内に使う可能性のあるお金は銀行預金に、それ以外のお金は個人向け国債に充てるのがいいでしょう。満期が来る前に換金すると、すでに受け取った直近2回分の利息を差し引かれますが、元本割れすることはありません。

銀行の「退職者専用定期」などは中身を要チェック

銀行などでは「退職者専用定期」「退職金特別プラン」といった預金を用意しているところもあります。利用できる人を1年以内の退職者に限定したり、預けられる金額も上限と下限が決まっていたりしますが、いずれも通常の定期預金に上乗せした金利を提供しています。

3年定期や5年定期を用意している金融機関もありますが、高い金利を設定しているところほど、優遇された金利がつく期間が短いことに注意してください。高金利で有利に思えても、それは3カ月とか6カ月という短い期間だけで、それ以降は通常の金利に戻るケースがほとんどです。

金融機関がこうした商品を宣伝しているのは、高金利をエサに口座をつくって退職金を入れてもらい、ゆくゆくはそのお金で手数料の高い金融商品を買ってもらうのが目的であることが大半です。こうした金融商品にはリスクが高いものもあるので、くれぐれも守るお金を投じたりしないよう注意しましょう。

上乗せ金利が適用される期間だけ預け入れ、その期間が終わったら出金して別の銀行の退職者専用定期に預け替えることを繰り返して、高い預金金利をゲットし続ける人もいます。手間を惜しまないならそれもアリですが、取引のない金融機関に口座を開設し、入金・出金を繰り返すのはかなり大変です。別の金融商品をすすめられることもあるため断るのが苦手な人にはストレスになり、手間がかかるわりにはメリットは小さいでしょう。

使うにしても普段利用している金融機関だけにして、上乗せ金利の期間が終わったら通常の定期に移すか個人向け国債を買い、リスク商品をすすめられても安易に乗らないようにすることが重要です。銀行の収益源は販売手数料であり、それを払うのは私たち。彼らが儲かる商品の多くは買う人にとっては手数料が割高で、決して有利ではないことを肝に銘じておくべきです。

この項のポイント

- 守るお金は個人向け国債（変動10年）が高金利で有利
- 退職者専用定期を利用する際は、上乗せ金利の期間に注意を
- 金融機関がすすめる金融商品、私たちに有利な商品とは限らない

第三章

「老後40年時代」を生き抜く
年金とこれからの生活

どんなに長生きしたとしても生涯支給され続ける年金は、定年後の人生で最も頼りになる収入源です。充実した老後を送るために最適な受け取り方は、自分自身で設計していかなければなりません。

Q 年金のしくみ・ルールを知らないと損をするってホント？

A 自分に合った戦略を考えるために、基本的な知識は押さえておきましょう

老後の生活を豊かにするには、戦略的な年金の活用が不可欠です。2022年の改正で年金の受け取り方の自由度が飛躍的に高まったので、自分に合った受け取り方を検討・選択する重要性が増しています。その選択によっては思わぬ損をしてしまうこともあるので、正しい知識を身につけることが必要です。

まず、自分で年金戦略を立てるために欠かせない基本的なルールを把握しておきましょう。

公的年金の3つのルールを理解しよう

(1)　年金は3階建ての構造で、上層階を持つほど充実している

年金は3階建ての構造になっています。1階部分は自営業者も含めすべての人が加入する国民年金（基礎年金ともいわれる）で、年金保険料を支払っていない専業主婦（夫）もこの年金には加入しています。

2階部分は厚生年金で、会社員や公務員はこちらにも加入し、2階建ての年金を持っていることになります。1階部分しか持たない自営業者にも希望する人が加入できる2階建て部分（付加年金、厚生年金基金）があり、自分で上積みすることが可能です。

さらに3階部分を上乗せしている人もいます。退職金制度として企業年金を持っている企業に勤める人は、この3階部分の給付も受けられます。勤務先にこうしたしくみがない人でも、自分でiDeCoに加入することで老後の年金を3階建てにできます。

3階部分まで持っている人ほど老後の年金は多く、1階部分しかない専業主婦（夫）や

図表3-1　3層構造の年金

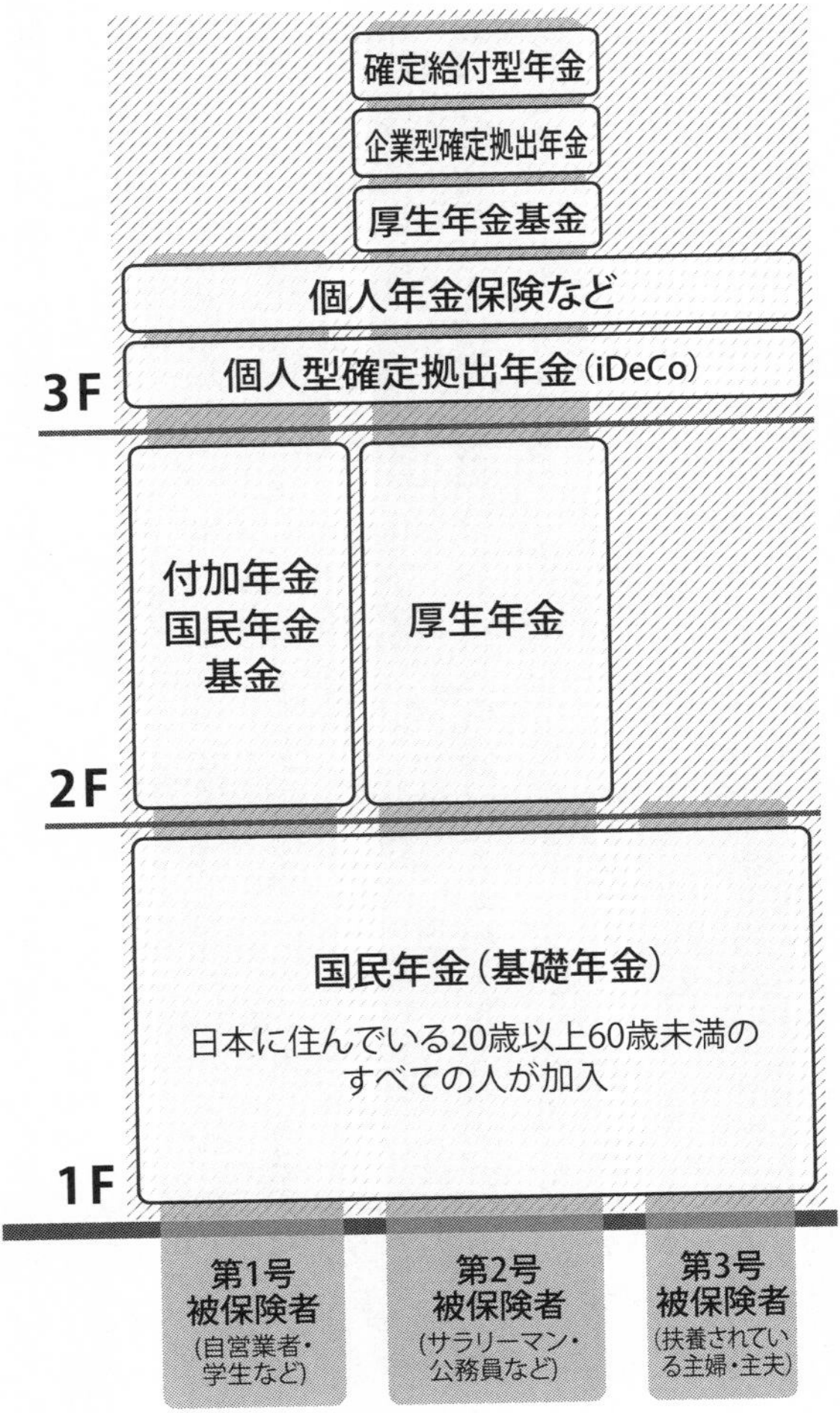

自営業者は年金額が少ないことになります。

(2)　年金は長く加入するほど、老後に受け取る額が増える

年金制度は長く加入するほど受け取る年金額が増えます。加入の期間だけを比較すると、中卒で働き始めた人のほうが大卒で働き始めた人よりも加入期間は長くなります。スタートに加えて終わりも重要で、60歳でリタイアする人よりも70歳まで働く人のほうが厚生年金の加入期間は長くなります。このため、老後の年金を増やしたい人は、長く働き続けて年金に長く加入することがトクな選択となります。

厚生年金は70歳まで加入できますが、専業主婦（夫）や自営業者が加入する国民年金は加入期間が原則として20歳から60歳の40年間と決まっています。

(3)　厚生年金は現役時代の収入が多いほど、老後の年金が増える

国民年金は収入の額に関係なく、現役時代に支払う年金保険料の額が決まっています。

これに対し、会社員や公務員が加入する厚生年金は収入の額に応じて年金保険料の額が決まり、収入の多い人ほど天引きされる年金保険料は高くなります。

そして現役時代に支払った年金保険料が多いほど、老後の年金も増えます。収入が多かった人は老後の年金もより多くもらえることになります。

ただし、年金の額には現役時代の収入ほどの大きな格差はありません。最高クラスの年金をもらっている人でも、公的年金だけなら月額30万円ほどです。

この項のポイント

- 長く加入し、多くの保険料を納めるほど、老後の年金は充実する

Q 年金を受け取り始める時期を選べるってホント？

A 繰り上げ受給と繰り下げ受給のしくみがあります

本来、年金を受け取ることができるのは65歳からですが、本人が希望すればこれを早めたり遅らせたりすることができます。60歳まで早めることができるのが「繰り上げ受給」、逆に75歳まで遅らせることができるのが「繰り下げ受給」です。

年金をもらい始める時期だけでなく、受給できる額も変わります。繰り上げ受給で受け取る時期を早めると、1カ月繰り上げるごとに本来の年金額から0・4％減らされてしまいます（1962年4月1日以前生まれの人は0・5％）。1年繰り上げれば4・8％の

図表3-2　年金額はもらい始める時期で増減する

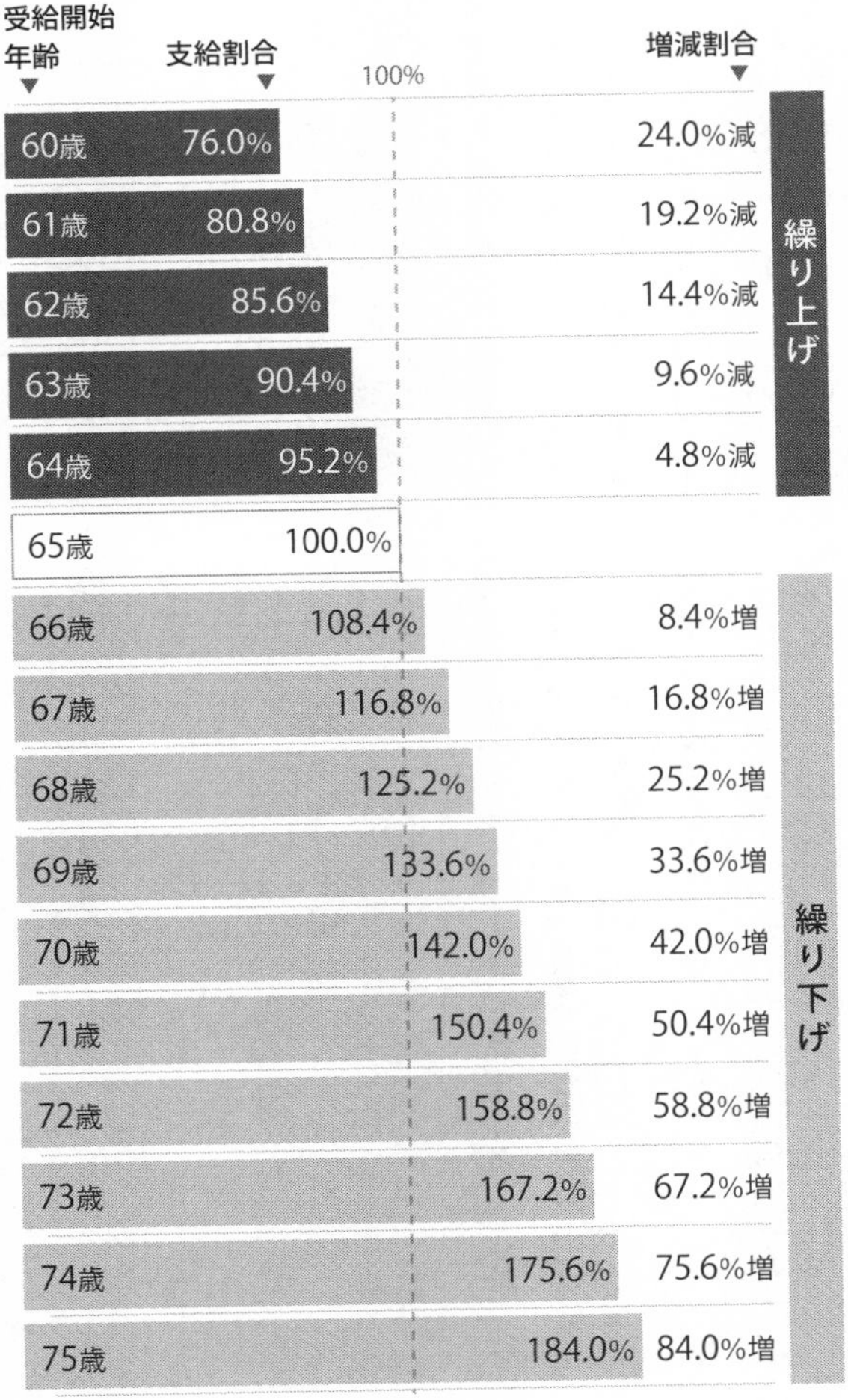

受給開始年齢	支給割合	増減割合	
60歳	76.0%	24.0%減	繰り上げ
61歳	80.8%	19.2%減	繰り上げ
62歳	85.6%	14.4%減	繰り上げ
63歳	90.4%	9.6%減	繰り上げ
64歳	95.2%	4.8%減	繰り上げ
65歳	100.0%		
66歳	108.4%	8.4%増	繰り下げ
67歳	116.8%	16.8%増	繰り下げ
68歳	125.2%	25.2%増	繰り下げ
69歳	133.6%	33.6%増	繰り下げ
70歳	142.0%	42.0%増	繰り下げ
71歳	150.4%	50.4%増	繰り下げ
72歳	158.8%	58.8%増	繰り下げ
73歳	167.2%	67.2%増	繰り下げ
74歳	175.6%	75.6%増	繰り下げ
75歳	184.0%	84.0%増	繰り下げ

減額となり、最も早い60歳で受け取り始めると24％減額されます。

これに対し、繰り下げ受給では受け取り始める時期を65歳よりも遅らせることで年金額を増やせます。最低1年は繰り下げる必要がありますが、1カ月あたり0・7％年金額を増やせます。1年繰り下げると8・4％、5年繰り下げて70歳からの受け取りにすると42％も年金を増やすことができ、一生増えた年金を受け取り続けることができます。

2022年の年金制度改正で、この繰り下げ可能年齢が75歳まで延長されました。中には「75歳まで年金がもらえなくなるの？」と早とちりする人もいますが、選択できる受け取り開始年齢の幅が広がっただけなので、受給者にとって有利な改正です。繰り下げられる最大幅となる75歳まで受給を遅らせれば、年金は84％増額されます。受け取りの時期を遅らせることで、年金を2倍近くに増やす選択が可能になったのです。

この項のポイント

- 早く受け取り始めるほど年金額は減り、先延ばしするほど額は増える

Q やっぱり年金を増やせる繰り下げ受給がおトクなの？

A 受給総額で見ればおトクになることが多いのですが、注意点もあります

「ノーリスクでお金を増やせます！」なんて甘い言葉をささやかれたら、それは詐欺か嘘なので絶対に耳を貸すべきではないのですが、一つだけ例外があります。それが年金の繰り下げ受給です。

本来であれば、お金が倍になる可能性のある金融商品は、半分に減ってしまうリスクを覚悟しなければなりません。ところが、年金の繰り下げ受給だけはそんなリスクはゼロで受給額を最大84％増やすことができるのです。

〝繰り下げメリット〟を実感できるのは、繰り下げてから12年後

繰り下げ受給のルールを聞くと、「そんなおトクなしくみなら利用しない手はない」となりそうですが、デメリットがないわけではありません。

繰り下げ受給は長生きするほどトクになりますが、長生きできなければトータルでの受給額は本来の65歳受給の場合を下まわります。具体的には繰り下げ受給を開始した年齢から11年10カ月経過すると、65歳の本来時期から受け取り始めた人に受給総額が追いつきます。ざっくりいえば、繰り下げ受給を開始した年齢から12年以上生きればトクになるというわけです。70歳まで繰り下げれば82歳、75歳まで繰り下げるなら87歳まで長生きすれば、「繰り下げした甲斐があった」ということになります。

厚生労働省の令和4年簡易生命表によると、60歳からの平均余命は男性が83・59歳、女性が88・84歳です。平均余命まで生きるとすると、男性では71歳までに受け取り始める必要があり、女性なら75歳まで繰り下げてもOKということになります。

税金・保険負担、手取り額の減少も考慮する

繰り下げ受給の判断では、生涯で受給できる年金総額に加えて、税金や社会保険料の負担も考慮する必要があります。会社員の給料からは税金や社会保険料が天引きされており、給料が高い人ほど負担が大きくなりますが、これは年金でも同じです。年金生活者であっても健康保険料や介護保険料を支払いますし、年金が年158万円を超えると所得税も課せられます（65歳以上の場合）。

要するに、繰り下げ受給をして税や社会保険料の負担が増えると、最終的な手取りが期待するほどに増えない可能性があるのです。繰り下げ受給で年金の額面を84％増やしても、手取り額の増加分はそれを下まわります。

こうした負担額は自治体によっても異なるので、目安ではありますが、年金額が年300万円を超えると税や社会保険料の負担が15％に達します。平均的な年収で40年間会社勤めをしてきた人の年金額は年180万円程度なので、73歳まで繰り下げると年金は

３００万円を超えます。すると天引きされる額が大きくなってしまいます。さらに、75歳からの医療費負担に影響することもあります（97ページ）。

税などの負担が増えても毎月の手取りは繰り下げない場合よりは増えるので、メリットがなくなるわけではありません。毎月の受給額を増やすことを重視する人はできるだけ繰り下げるのが得策ですが、トータルでなるべく損をしたくないという人であれば繰り下げは70歳ぐらいまでを目安にして、年金額を増やしすぎないようにしておくのも有力な選択肢の一つです。

もともと年金額が少ないなら、税負担も少ない

専業主婦（夫）の期間が長い人や低めの収入が続いた人、自営業者など、もともとの年金額が少ない場合は、税や社会保険料負担の増え方もそれほど大きくならないので、なるべく繰り下げて年金額を増やすメリットは大きくなります。たとえば、自営業者や専業主婦（夫）が受け取る老齢基礎年金は満額で年79万５０００円（令和５年）です。最大の75

歳まで繰り下げても146万円ほどで、これは単身であれば所得税も住民税も課税されない金額です。

特に女性は男性よりも長生きする傾向があるうえ、夫に先立たれると世帯としての受給額が大幅に減るので、自分の年金が少ない女性は可能な限り繰り下げるメリットは大きいといえます。

この項のポイント

- 繰り下げ受給で額面は増えても、手取りはそこまで増えないことも
- 年金額の少ない人、専業主婦が長い女性は最大限繰り下げるメリットは大きい

Q 繰り下げ受給がトクか、加給年金を受け取ったほうがトクか？

A 加給年金を長く受け取れる場合は、老齢厚生年金は繰り下げないほうがよいことも

公的年金にも家族のための「扶養手当」にあたる給付があります。一定の要件を満たした年金受給者には、「加給年金」という扶養家族のための年金が加算されるのです。

加給年金は原則として加入者本人（多くは夫）が65歳から支給が始まります。金額は年額39万7500円（令和5年度）で、高校生以下の子がいる場合には上乗せされます。たとえば、60歳の妻を持つ65歳の男性の場合、妻が65歳になるまでの5年間、加給年金を受け取ることができます。5年間では200万円近くになり、インパクトのある金額です。

繰り下げ受給で加給年金は受けられなくなる

加給年金は夫の老齢厚生年金とセットで支給されるので、夫が老齢厚生年金を繰り下げるために待機していると加給年金も受けられなくなります。夫婦の年齢差が大きい場合は、加給年金を受けることを優先するのがカシコイ選択です。繰り下げ受給をしたい場合は、老齢厚生年金は本来受給として老齢基礎年金だけを繰り下げると、加給年金を受け取りながら繰り下げによる増額も実現できます。

また、加給年金は受給できる人であっても、ねんきん定期便やねんきんネットの受給見込み額には含まれていません。受給できるかどうかは、年金事務所で確認できます。

この項のポイント

- 加給年金を長く受給できる場合は、繰り下げを老齢基礎年金のみにしておけばOK

Q 繰り下げ受給したら医療費が増えて損をする？

A 医療機関での自己負担割合が変わることがあります

70歳になると、加入している健康保険や勤務先にかかわらず、医療機関の窓口で支払う自己負担の割合は多くの人が3割から2割に下がります（現役並み所得者は3割のまま）。そして75歳になると、それ以前にどの健康保険に加入していた人も、自動的に「後期高齢者医療制度」の加入者になります。とくに手続きをする必要はなく、75歳の誕生日までに保険証が送られてきます。支払う保険料の額は収入の額や地域によって異なり、一人あたりの保険料額は全国平均で月額6472円です。

後期高齢者医療制度には扶養のしくみがないので、これまで勤務先の健康保険で配偶者を扶養に入れていたという人でも、75歳を過ぎると夫婦それぞれで保険料を負担しなければなりません。

医療機関の窓口で支払う医療費の自己負担割合は、所得に応じて1割、2割、3割のいずれかになり、後期高齢者医療制度の保険証に記載されます。70代前半で3割だった現役並み所得者は75歳になっても3割で、2割負担だった人の多くは75歳から1割に負担が減ります（一部は2割のままとどまり、2025年9月までは負担が大きくなりすぎないための配慮措置があります）。

年金の受給額が多くなると、医療費の負担が倍になる人がいる

負担割合は、世帯内にいる後期高齢者の数と所得金額合計額などによって決まります。収入が年金だけの場合、二人世帯の場合は320万円未満（一人世帯は200万円未満）であれば1割負担で済みます。標準的な年金額の世帯（夫婦二人で22万4482円、令和

図表3-3　75歳からの医療費は、1と2の
両方を満たすと2割負担に！

1	同じ世帯の被保険者のなかに課税所得が28万円以上145万円未満の人がいる
2	同じ世帯の被保険者の**「年金収入」＋「その他の合計所得金額」**の合計額が、 ・被保険者が**1人の場合は200万円以上** ・被保険者が**2人以上の場合は合計320万円以上**

5年）であれば、ほぼ1割負担で済みます。ところが、一人世帯や夫婦ともに厚生年金を受給している世帯では、ひとりで17万円ほどの年金を受給していると2割になります。

また、平均的な年金額の世帯でも、繰り下げ受給をして年金が増額されていると負担割合が増えることがあります。1割負担と2割負担では倍の開きがあるので、少し年金を増やしただけでボーダーラインを超えてしまい、医療費が倍になることもあり得ます。先の標準的な年金額の世帯の場合、3年繰り下げ受給をして年金が25・2％増額すると、医療費が1割から2割に増える計算です。

医療費の負担割合のためだけに増額のチャンスを逃す必要はない

ただし、だからといって年金を増やさずに、1割負担に抑えたほうがいいともいいきれません。医療費は高額療養費制度（180ページ）を活用すれば高くなりすぎることはなく、繰り下げ受給の増額のメリットのほうが大きい場合も多いからです。計画している繰り下げ受給の時期がちょうど負担割合が増えるボーダーラインにあたるのであれば、繰り下げ期間を数カ月減らして調節することは検討の価値はあるでしょうが、医療費の負担割合のためだけに増額のチャンスを逃す必要はないのではないでしょうか。

ちなみに年金収入とその他の合計所得金額が520万円（単身世帯は383万円）になると、自己負担割合は3割になります。この収入には企業年金やｉＤｅＣｏなども含まれるので、一時金でなく年金で受給する場合は注意する必要があるでしょう。

年金を何歳から受け取るかという判断では、考えなければいけない要素が多すぎて決めるのがむずかしいと感じる人もいるでしょう。そもそも年金は、歳をとって働けなくなったときの生活のために支給されるお金です。正解を事前に確定できない損トク勘定に振りまわされるより、働いて生活費を稼げるうちには繰り下げておいて、そうでなくなったら受け取り始めるというシンプルな方針で決定してもいいでしょう。

この項のポイント

- 繰り下げ受給で年金額が増えると2割負担になる可能性も
- 迷ったときは、働けなくなったら受け取り始めるシンプルな判断でもよい

Q 夫婦で繰り下げと繰り上げを組み合わせると、トクしないか？

A 基礎年金と厚生年金の受給時期をずらす対応はアリです

年金は個人に支給されるので、夫婦で足並みをそろえる必要はありません。夫は本来の65歳で受給を始めて、妻は繰り下げるといった異なるパターンも選択できます。

年金は3階建て構造になっているので、国民年金部分（老齢基礎年金）と厚生年金部分（老齢厚生年金）、2種類の年金のどちらか一方を繰り下げることも可能です。

このため、「年金額を増やしたいけど、1円も受け取れない期間があるのは不安」と考えるなら、老齢基礎年金か老齢厚生年金のどちらか一方だけを繰り下げることも可能で

図表3-4　繰り下げ受給は自由度が高い

		老齢厚生年金	
		本来受給（65歳から受給）	繰り下げ受給（66歳以降に受給）
老齢基礎年金	本来受給（65歳から受給）	老齢基礎年金も 老齢厚生年金も 65歳から受給	老齢基礎年金は 65歳から受給 老齢厚生年金のみ 繰り下げる
	繰り下げ受給（66歳以降に受給）	老齢厚生年金は 65歳から受給 老齢基礎年金のみ 繰り下げる	**老齢基礎年金も 老齢厚生年金も 繰り下げる**

図表3-5　繰り下げ・繰り上げの受給パターン例

1	妻の年金額を 増やしたい	➡	妻の年金を75歳まで繰り下げ 夫は通常受給
2	夫婦の年金額を 増やし、加給年金も もらいたい	➡	妻の年金は全額繰り下げ 夫の年金は老齢基礎年金のみ 繰り下げ
3	年金額は 増やしたいが 無理はしたくない	➡	夫婦とも 66～70歳まで繰り下げ
4	年金額は増やした いが、いくらかは65 歳から受け取りたい	➡	老齢厚生年金を70～75歳 まで繰り下げ 老齢基礎年金を通常受給

す。平均的な収入の会社員であれば老齢厚生年金のほうが額は大きいので、もらいたい額や増やしたい額に応じて決めればＯＫです。

繰り上げ受給には自由度がない

ただし前述した繰り上げ受給には、こうした自由度がありません。繰り上げ受給したい場合は、老齢基礎年金と老齢厚生年金を原則としてセットで繰り上げる必要があります。また、「特別支給の老齢厚生年金（119ページ）」は繰り下げることができません。65歳前の支給分は受けとったうえで、65歳からの本来支給分を請求せずに繰り下げることになります。

この項のポイント

- 夫婦で受給時期を変えたり、老齢基礎年金と老齢厚生年金で受給時期を変えられる

Q 繰り下げ待機を途中で断念、それでも受給パターンを選べるってホント？

A いつでも受給を開始できるので、気が変わっても大丈夫！

繰り下げ受給をして当面は年金を受け取らないと決めた場合でも、その計画をどこかに提出しなければならないわけではありません。65歳になったときに届く年金請求のはがきを返送しないでおけば、繰り下げできます。老齢基礎年金か老齢厚生年金のいずれか一方を繰り下げたい場合は、年金請求と併せて「支給繰り下げ申請書」を提出します。

繰り下げのために年金請求せずに待機していたけれど、途中で気が変わって年金を受け取りたくなった場合、取れる選択肢は2パターンあります。70歳で受給開始しようと待っていた人が、67歳で年金が必要になった場合の例で考えてみましょう。

そのとき受給を始めることも、さかのぼって受給することもできる

一つは、67歳から繰り下げ受給を始める方法です。もともとは70歳で42％増額された年金を受け取るつもりでも、67歳で年金請求すればその時点の増額率となる16・8％増の年金を受け取り始めることができます。毎月受け取る年金を増やすことを重視するならこちらを選びます。

もう一つの選択肢は、65歳に受給を開始したとみなして、一括で受給する方法です。この場合、2年分の年金を一気に受け取ることができますが、増額はされず、その後の年金も本来額となります。まとまったお金が必要なときは、こちらがいいでしょう。

繰り下げ受給のために待機している間は、果たしてお金が足りるのだろうか、と不安になることもあるでしょう。しかし、必要になったらいつでもこうした方法で請求できるので心配は不要です。ただし繰り下げ受給は、最低1年は繰り下げる必要があるため、66歳

になる前に年金が必要になった場合は増額できず、一括受給のパターンしか選べないので注意してください。

ちなみに、万一、繰り下げで待機している間に亡くなってしまった場合は、生計を同じくしていた遺族が未支給年金として5年分の年金を一括で受け取れます。この場合、増額はされない本来の額で計算される点と、5年以上前の分は時効となって受け取れない点には注意する必要があります。

この項のポイント

● 繰り下げを最低1年待機すれば、増額か一括受給を選べる

Q 早く年金がほしい！繰り上げ受給はホントに損な選択か？

A 繰り上げ受給はデメリットが多いので、慎重に考えて

年金を早く受け取るための繰り上げ受給を請求すると、複数のデメリットがあるので、慎重に判断する必要があります。

背に腹は代えられない事情がないかぎり、繰り上げ受給しないほうがいい

代表的なデメリットは次の六つです。

デメリット1　年金が一生減額される

年金の受給を1カ月早めるごとに0・4％減額され、1年繰り上げるごとに4・8％、5年繰り上げると24％も減額されます。生涯にわたって減らされた年金を受け取り続けることになり、長生きするほど収入減のダメージは大きくなります。目安としては、繰り上げ受給を開始した年齢よりも20年10カ月長生きすると、トータルでの受給額は65歳の本来受給の人を下まわります。60歳からの平均余命（男性83・59歳、女性88・84歳）まで生きる人が60歳から繰り上げ受給すると、トータルで受給できる額は本来受給よりも少なくなります。特に1962年4月1日以前生まれの人は減額率が0・5％と高いので注意しましょう。

デメリット2　繰り上げ受給は取り消しできない

いったん繰り上げ受給の請求をしてしまうと、それを取り消すことはできません。あとでデメリットに気づいても、取り返しがつかないのです。

デメリット3　障害年金が受け取れなくなる場合がある

繰り上げ受給をすると、障害年金が受けられなくなる場合があります。

公的年金には、ケガや病気で障害が残ったときに受給できる障害年金があります。要件を満たせば老後の年金を受け取る前でも受け取ることが可能です。

しかし、障害基礎年金を請求できる年齢は65歳まで。繰り上げ受給をすると、その時点で65歳とみなされ、障害基礎年金の請求ができなくなるわけです。障害基礎年金は2級で老齢基礎年金と同額、1級では年100万円近い額になるので、障害を負っている状態でこれが受け取れないのは痛手です。

デメリット4　60代前半は遺族厚生年金と併給できない

万一、配偶者が死亡すると、一定の要件を満たした遺族は遺族年金を受け取ることができます。しかし、65歳前に配偶者が亡くなった場合、繰り上げ受給をしている人は65歳までは繰り上げた自分の年金と遺族年金の両方を受け取ることはできず、いずれかを選択します。通常は額が大きい遺族厚生年金を選ぶので、繰り上げた自分の年金は受け取れません。

デメリット5　寡婦年金が受けられない

寡婦年金は自営業など第一号被保険者として一定以上の保険料を納めた夫が亡くなった場合、その妻に60歳から65歳になるまで支給される年金です。「寡婦年金」を受けられる妻が繰り上げ受給をすると、寡婦年金を受ける権利がなくなってしまいます。

デメリット6　国民年金の任意加入、追納ができない

学生時代に国民年金に加入していなかった人などは、60歳以降に任意加入して老後の年金を増やすことができます。ところが、繰り上げ受給をしているとそれができません。支払っていなかった保険料をあとから支払って年金を増やす「追納」もできなくなります。

繰り上げ受給にはこのようなデメリットも多いので、しなくてもなんとかなる人であれば避けてほしい選択肢です。しかし、健康上などの理由で65歳前の生活費に困っているのであれば、まさにそういう人のためにこの制度があります。そういう場合は躊躇せず利用することも必要です。

この項のポイント

- 繰り上げ受給をすると、障害を負った際や伴侶を亡くした際に損をすることも
- 生活に困窮している場合は、躊躇なく利用すべき

COLUMN 2

自分の年金の見込み額はどうしたらわかる？

毎年、誕生月になると「ねんきん定期便」が送られてきます。ここには将来受け取る年金の見込み額が記載されています。

また、誕生月まで時間があるという人でも、年金額を確認できる便利なツールが「ねんきんネット」と「公的年金シミュレーター」です。

ねんきんネットで老後の生活設計を

ねんきんネットは将来の年金見込み額が確認できるだけでなく、繰り下げや繰り上げ受給した場合の受給額シミュレーション、今後働き方や収入の額が変わった場合に年金額がどう変わるかも試算ができます。

ねんきん定期便に記載されているのは現在の働き方や収入が60歳まで続いた場合に65歳で受け取ることができる見込み額です。試算機能を使えば、70歳まで働けばどれぐらい年金が増えるか、収入が減ったら年金もどのぐらい減るの

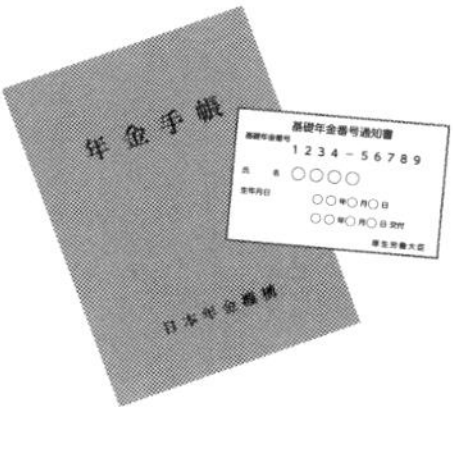

か、といったこともわかるので、老後の生活設計の際にも役立ちます。

　手もとにねんきん定期便があれば記載されているアクセスキーで即日利用を開始できますが、アクセスキーがない場合は、ねんきんネットのウェブサイトからユーザーＩＤの発行を申し込めば、５営業日程度でユーザーＩＤが郵送されてきます。

　申し込みには基礎年金番号が必要なので、年金手帳など基礎年金番号がわかるものを用意してください。

　マイナンバーカードがあればマイナポータルと連携させることもできます。この場合は、郵送されてくるのを待たなくても、その場で利用開始できます。

シミュレーションツールを有効活用しよう

「公的年金シミュレーター」も便利です。ねんきん定期便に記載されているＱＲコードをスマートフォンで読み取るだけで、ＩＤやパスワードなどがなくても自分の年金記録を反映した見込み額を確認できます。

　ねんきんネットと同様に、今後の働き方や収入、繰り下げや繰り上げ受給の条件などを入力すれば、その年金額の変化が確認できます。スライドバーでより直感的に操作できるので、ねんきんネットよりも使いやすいでしょう。

Q 50代から年金を増やせるなら、増やしたほうがトクか？

A 50代、60代からでも年金は増やせます！

ねんきん定期便やねんきんネットを見て、自分の見込み年金額が思いのほか少ないとがっかりする人もいるでしょう。でも老後の年金は50代、60代からでも増やすことができます。ここで繰り下げ受給以外の年金を増やす方法をまとめておきましょう。

繰り下げ受給のほかにも方法がある

年金を増やす方法1　なるべく長く働き続ける

図表3-6　働き続けて増える年金額の目安（年額）

加入期間＼年間給与	120万円	150万円	200万円	250万円	300万円
1年	6,000	7,200	9,600	12,000	15,600
5年	28,800	38,400	51,600	60,000	79,200
10年	58,800	76,800	103,200	121,200	158,400
15年	90,000	115,200	156,000	183,600	240,000
20年	118,800	153,800	207,600	246,000	318,000
25年	148,800	192,000	259,200	309,800	397,200
30年	178,800	231,600	310,800	366,000	476,400

（円）

ねんきん定期便に書かれている年金見込み額は、現状の収入で60歳まで働き続けたと仮定して計算された年金額です。それより長く働き年金保険料を納め続ければ、老後の年金もそれにしたがって増えます。

たとえば60歳で定年した後も年収３００万円で５年働き続ければ、年額で７万９２００円年金を増やせます。さらに70歳までの５年間、年収１２０万円で働けばさらに３万円近く増やせます。70歳までの10年間で、年金を10万円以上増やせる計算です。

自営業者などの第一号被保険者は60歳までしか年金に加入できませんが、会社員など第二号被保険者は70歳まで厚生年金に加入することができます。年金をもらい始めてからも働きながら加入を続けることが可能で、加入期間が伸びた分の年金は年に1回、増額されます。パートやアルバイトでも週20時間以上働いていれば厚生年金に加入できるよう適用範囲が拡大し、２０２４年10月からは50人超の企業で働いている人も対象になります。

年金を増やす方法2　国民年金に任意加入する

年金の加入期間が40年に満たない人は、国民年金に「任意加入」して年金を増やせます。１９８６年3月までは第3号被保険者も任意加入だったため、若いうちに専業主婦になった人の中には、年金の加入期間が足りない人がいます。この期間は受給資格期間には含められますが、年金額には反映されないので、年金が相当少なくなる場合があります。

また、１９９１年までは学生の年金加入も任意だったため、60歳時点で40年の加入期間を満たしていない人もいます。

国民年金の加入は原則60歳までですが、こうした人たちが年金を増やせるように、65歳までは任意加入が認められています。現役世代と同様に国民年金保険料を納めることで、1年加入するごとに老後の年金を約2万円増やせます。そのお金を老後の資金に貯めたほうがトクでは、と感じる人もいるでしょうが、年金はどんなに長生きしても生涯支給が続く最も頼りになるしくみなので、年金を増やす価値は決して低くはありません。

年金を増やす方法3　付加年金に加入する

自営業者など第一号被保険者の人や任意加入する人は、「付加年金」にも加入するのがおすすめです。月額400円の付加年金保険料を追加で納めると、納付1カ月につき年金を200円増やせます。わずかな負担で、2年でモトがとれるおトクな制度です。

この項のポイント

- できることはなるべく実行し、年金を増やしたほうがトクです

COLUMN 3

特別支給の老齢厚生年金とは？

60代前半から年金を受給できる世代もいる

現在の公的年金の受給開始年齢は原則65歳ですが、昔は60歳からもらうことができました。制度が突然変わることで大きな不利益がないよう、現在も経過措置として65歳より前に年金の一部を受け取ることができる人がいます。この年金を「特別支給の老齢厚生年金（以下、特老厚）」といいます。

受給開始年齢が完全に65歳に引き上げられるのは、男性が１９６１年４月２日生まれ以降で、女性は66年４月２日生まれ以降です。それ以前に生まれた人であれば、特老厚を受給できます。

特老厚はその名のとおり厚生年金なので、生年月日で対象になっている人でも、企業で働いた経験のない人など、厚生年金に１年以上加入していない人は対象になりません。

また、特老厚は厚生年金部分と基礎年金部分に分かれていますが、これから60歳を迎える人が受給できるのは厚生年金部分である「報酬比例部分」だけなので、65歳から受給できる本来の年金額の半分程度の金額になります。

老齢基礎年金部分は「定額部分」と呼ばれ、1949年4月1日以前生まれの男性と、1954年4月1日以前生まれの女性が受給できます。

繰り上げ受給は可能だが、
繰り下げはできない

特老厚は老齢基礎年金とセットで繰り上げ受給することは可能ですが、繰り下げはできません。繰り下げたい場合は、特老厚を受け取ったうえで、65歳になってから本来の老齢厚生年金を繰り下げる必要があります。

また、特老厚は制限が多く、まず、失業保険を受けるためにハローワークで求職の申し込みをすると、支給が停止されます。

そのほか、60歳以降の再就職で給料が減った人に給付される高年齢雇用継続給付を受ける場合は、給料の6%にあたる額の年金がカットされます。

それでも高年齢雇用継続給付を受けるほうが手取りは大きいので、あまり気にせず働き続けるのが正解です。

Q 高給で働くと年金がカットされる！ムリして働かないのはトクな選択か？

A わずかな年金カットを気にするより高収入を得るほうがトクです

2022年3月までは、65歳前にもらえる特別支給の老齢厚生年金と、給料（賞与がある場合はその12分の1を足す）の合計額が28万円を超えると、年金の一部が支給停止になっていました。このしくみを在職老齢年金といいます。このため、年金をカットされながら働いていた人はかなりの割合に上っていましたが、現在は制度が改正され、年齢を問わず給料と年金（厚生年金部分）の合計額が48万円を超えると、超えた分の半額の年金が支給停止になるしくみに変わりました。28万円超という基準が緩和され、年金カットの対象となる人は大幅に減っています。たとえば、給料と老齢厚生年金月額の合計が52万円である場合、48万円を引いた4万円の半分にあたる2万円の年金がカットされます。

「年金を繰り下げて受け取らなければ、年金カットを回避しながら将来の受給額を増やせるのでは?」と思うでしょうが、残念ながら繰り下げても、カットされた分は増額の対象にならず、残りの部分で増額の計算がされます。納得いかないと感じるでしょうが、わずかな年金カットを気にするよりも高収入を得るほうがメリットは大きくなります。

ただし、これは会社員などの身分で厚生年金に加入しながら働いている人の話です。定年後に独立して自営業やフリーランスとして働いている人は厚生年金に加入していないので、いくら稼いでも年金はカットされずに全額受け取ることが可能です。

この項のポイント

- 給料と年金の合計額が48万円を超えると、超えた分の半額の年金が停止されます

Q パートナーに先立たれても遺族年金があるから心配ない、はホントか？

A 残された側の年金は大きく減るので注意しましょう

故人の年金は一定の要件を満たした遺族に遺族年金として支払われます。ただ、それで十分な額かといえば、そうとはいえません。遺族厚生年金は故人が生前に受け取るはずだった老齢厚生年金の4分の3の額ですが、ここには1階部分である老齢基礎年金は含まれません。亡くなった人の年金の4分の3の額を受け取れると誤解する人も多いのですが、実際はもっと少ないのです。

夫婦ともに老齢厚生年金を受け取れる場合は、計算が複雑に

たとえば、65歳で亡くなった夫の老齢厚生年金が10万円、老齢基礎年金が6・5万円だった場合で、同い年の妻がずっと専業主婦である場合、妻が受け取る遺族厚生年金は7・5万円です。これを自分の老齢基礎年金に上乗せして受給します。夫の基礎年金部分にあたる遺族基礎年金は、子が成人している場合などは対象外です。

夫婦ともに会社員や公務員の経験があって老齢厚生年金を受け取れる場合は、計算が少し複雑です。残された妻はまず自分の年金を受給し、「死亡した夫の老齢厚生年金の4分の3の額」と「死亡した夫の老齢厚生年金の2分の1の額と、自身の老齢厚生年金の2分の1の額を合算した額」を比較し、高いほうが遺族厚生年金の額となります。

自分の老齢厚生年金よりも遺族厚生年金が高い場合は、差額のみを遺族厚生年金として受け取るわけです。自分の老齢厚生年金のほうが遺族厚生年金より多い場合は、遺族厚生年金は受け取れません。

図表3-7　遺族年金の例

夫が元会社員、妻が専業主婦の場合

生前	夫 老齢厚生年金 10万円＋老齢基礎年金6.5万円＝16.5万円 妻 老齢基礎年金6.5万円	世帯合計：23万円
夫の死後	妻 遺族厚生年金7.5万円 ＋老齢基礎年金6.5万円＝14万円 ➡	夫婦で23万円が14万円に

夫婦とも元会社員の場合

生前	夫 老齢厚生年金10万円＋老齢基礎年金6.5万円＝16.5万円 妻 老齢厚生年金6万円 ＋老齢基礎年金6.5万円＝12.5万円	世帯合計：29万円
夫の死後	妻 老齢厚生年金6万円 ＋遺族厚生年金2万円 ＋老齢基礎年金6.5万円＝14.5万円に ➡	夫婦で29万円が14.5万円に

いずれの場合でも、生前に比べれば世帯として受け取る額は大きく減ります。一人になれば二人暮らしのときよりも生活コストは減りますが、遺族年金の範囲内で収められるよう家計をスリム化することが求められます。

夫婦ともに老齢厚生年金がない場合は、生活に困るリスクが大きい

一般的に女性のほうが長生きする確率は高いので、女性は自分の老齢基礎年金だけでも繰り下げて自身の年金を増やしておくのが安心です。ちなみに、亡くなった夫が老齢厚生年金を繰り下げて受給額が増えていたとして

も、遺族厚生年金は本来の額で計算されます。繰り下げの待機中に亡くなった場合は、生計を同じくしていた遺族には過去分の年金（本来額）が一括して未支給年金として支払われます。ただし、請求した時点から5年以上前の年金は時効により受け取れないため、70歳を超えて待機していた場合は全額を受け取ることができなくなります。

ちなみに、亡くなった夫が自営業者で厚生年金に加入していない場合、当然ながら妻は遺族厚生年金を受け取ることはできません。1階部分にあたる遺族基礎年金は18歳になる年の年度末までの子がいれば子の人数に応じた額を受け取れますが、18歳の年度末で支給は停止します。子がいない場合や、いても成人している場合は遺族年金を受け取れないことになります。残された側が妻である場合のみ「寡婦年金」が支給されますが、妻が60歳から65歳までの期間に限られます。

このため、夫が自営業者で妻も同様に自営業者か専業主婦で2階部分の年金を持っていない場合、大黒柱の夫に先立たれると生活に困窮する恐れがあります。こうしたケースでは、妻は自分の年金を増やす対策をとるか（115ページ）、老後資金の準備、生命保険などで備えておく必要があるでしょう。

ちなみに、遺族年金は男女間の受給のしくみが公平でないことが問題視されていますが、この項目で説明している遺族厚生年金の事例（夫婦ともに65歳以上、18歳未満の子がいない場合）では男女差はなく、妻が先立つ場合を想定する際には単純に夫と妻を入れ替えて考えてかまいません。

この項のポイント

- 遺族年金の計算には繰り下げ増額は反映されない
- 自営業者のパートナーが亡くなった場合の遺族年金は心もとない

Q 熟年離婚で年金が半分、合意分割と3号分割、どちらがトクか？

A 夫の年金を半分もらえるわけではありません！

フルタイム共働きの夫婦であれば、それぞれの収入や加入期間に応じた年金を持っています。ところが、専業主婦（夫）の期間が長い人や厚生年金に加入せずにパートで働いていた人は、自分自身の年金が少ないため離婚すると老後の生活が成り立たなくなるおそれがあります。そこで離婚の際に年金を分割できる制度があります。これは、男女が逆の場合も同様です。

合意分割と3号分割があるが、ハードルが高くても合意分割のほうがトク

この年金分割は単純に年金が多いほう（多くは夫）の年金の半分を妻側が受け取ることができると誤解している人も多いのですが、そうではありません。

3階建ての年金の1階部分である基礎年金は、働き方にかかわらずすべての人が持っているので分割の対象にはなりません。離婚時に分割できるのは、2階にあたる厚生年金部分のみで、なおかつ結婚している期間だけで、独身時代の納付記録は対象になりません。また、企業年金やiDeCoなど3階部分も分割の対象にはなりません。

年金分割の方法には、「合意分割」と「3号分割」の二つがあります。「合意分割」は夫婦で話し合い、2分の1を上限に分割の割合を決める方法です。分割を受ける側が専業主婦（主夫）である必要はなく、共働きでもOKです。合意がまとまらなかった場合は、家庭裁判所に申し立て、調停または審判で割合を決定します。

一方「3号分割」は専業主婦（主夫）や厚生年金に加入しないパート勤務など第3号被

保険者だけが選択できる方法です。夫婦の合意は必要なく、年金分割を受ける側の配偶者（多くは妻）が手続きをすれば、扶養されていた期間の年金記録を分割して、第3号被保険者期間中の厚生年金記録の半分の分割を受けることができます。

3号分割は相手の合意がなくても比較的簡単な手続きで分割できるメリットがありますが、分割されるのは年金分割の制度ができた2008年4月以降の記録なので、それ以前に結婚して扶養されていた期間の分は分割されません。このため、2008年4月以前に扶養されていた期間が長い人は、できる限り3号分割ではなく合意分割にして、すべての期間の年金記録の分割を受けるのが有利です。

年金分割は離婚後2年以内に年金事務所に出向いて手続きする必要があります。3号分割の場合は一人でも手続きできますが、合意分割の場合は夫婦一緒に出向くか、公正証書など合意を証明できる書面を用意する必要があります。

現実として分割で得られる年金額はさほど多くありません。厚生労働省のデータによると、分割を受ける側の増えた年金の平均額は3万1112円（月額）で、自分の年金を合わせると5万4281円から8万5392円に増やせています。一方、分割を受ける側が不利になりやすい3号分割に限ると、増えた年金はわずか6000円で、自分の年金を合わせても受け取る月額はわずか4万7196円にとどまっています。

たとえ年金を分割しても、増える年金はわずか。とても老後の生活を安定させられる額ではありません。金銭面に限っていえば離婚後の生活は苦しくなる可能性が高くなります。分割を受ける側はもちろん、分割される側も自身の年金が減るため、お互いに老後の生活が圧迫されることになるのです。

この項のポイント

- 離婚後は収入が多いほうの年金を分割してもらうことができる
- 2008年4月以前に扶養されていた人は、合意分割をめざそう

COLUMN 4

忘れていませんか？ もらい損ねている年金

転職経験のある人は 忘れている企業年金があるかも

かつて、持ち主不明の年金記録の存在が明らかになった「消えた年金」が話題となったことがありました。

ところで、しっかりと記録されているにもかかわらず、当の本人が忘れているために宙に浮いた年金もあります。昔、勤めていた会社の企業年金です。

3階建ての3階部分の企業年金は、勤め先が社員の老後のために積み立てていますが、勤務先に企業年金制度があることを知らない人も少なくありません。

途中で辞めた会社となるとなおさらですが、すでに辞めている会社であっても、老後に請求すればいくらかの年金を受け取ることができることがあります。

企業年金連合会、国民年金連合会などに確認してみよう

たとえば、厚生年金基金や確定給付年金という企業年金を持つ会社を退職すると、その人の年金資産は企業年金連合会という組織に引き継がれ運用されていることがあります。

老後に請求すれば支給を受けられますが、この手続きをしていない人が、１００万人を超えているそうです。連合会が案内を送っても、姓や住所が変わっていると、その案内が届かないのです。

また、企業型確定拠出年金（企業型ＤＣ）を持つ企業を退職している人も、自分の年金資産をｉＤｅＣｏに移すか転職先の企業型確定拠出年金に移す移換の手続きが必要です。年金資産が投資信託などで運用されている場合、移換の手続きを怠ると自動的に売却・現金化され、国民年金基金連合会に移されます。これを「自動移換」といいます。

自動移換そのものに手数料がかかるうえ、預かってもらっている間も手数料が差し引かれ続け、最悪の場合は加入期間が足りずに老後に引き出すこともできなくなるのです。

心あたりのある人は、かつての勤務先か企業年金連合会、国民年金基金連合会に問い合わせてみましょう。その際は、基礎年金番号を用意するとスムーズです。

第四章

どうする人生の出口戦略!?
金融資産などの運用と〝手仕舞い〟の知恵

豊かな老後を送るには、やっぱりお金が必要です。定年世代も資産運用は十分可能。今あるお金を守りながら、失敗しにくい方法で資産運用をスタートしましょう。

Q 老後資金は守り重視の安定運用？ それともリスクをとって積極運用？

A リスクをとることも大切ですが、あせってはいけません

退職金は老後の生活を支える大切なお金です。リスクをとってまで増やすべきではないという意見もありますが、リスクをとらないことが別のリスクにつながる可能性もあり、バランスのとれた選択が重要です。

60歳男性の平均寿命は84歳ほどで、女性は88歳を超えています。定年後の人生は30年ほど残されており、それだけの長い間、ひたすらお金を守り続けていくのはむしろハイリスクです。昨今はあらゆるモノの値段が上がって現金の実質的な価値が下がっています。現

在の1万円が、30年後も同程度の価値を持つかどうかはわかりません。

株式や不動産など価格が変動するリスク資産は、物価と完全に連動するわけではありませんが、モノの値段が上がる局面では価格が上がっていくものです。まとまったお金の一部をリスク資産に投じることで、資産の価値が大きく下落するリスクを回避できます。

リスク投資は経験も重要なので、スタートは早いほど有利です。しかし、50代や60代でも遅すぎることはありません。かといって、投資の経験がない人が、いきなり大金を投じるのは失敗のモト。損失をいっさい出さずに投資することは不可能なので、少額からトライしてどんな値動きをするのかを実感し、慣れていくことが重要です。短期間でお金を増やそうとあせるのは禁物ですが、過剰に怖がっていても資産は守れないのです。

この項のポイント

- 投資に損失はつきもの、少額から慣れていきましょう

Q

定年まであとわずか、今から始めるなら個別株投資？　それとも投資信託？

A

トライしやすいのは投資信託の積み立てです

初めて投資をスタートする人が、最も手がけやすいのは投資信託の積み立てです。投資信託はたくさんの投資家から集めたお金をまとめて、専門家が運用してくれる金融商品です。投資する対象は国内外の株式や債券など、さまざまなものがあります。

投資信託のメリットは、少額から投資できること。日本の株式市場に上場している株に投資するには、安いものでも10万円程度は必要ですが、投資信託なら1000円や5000円からでも投資でき、大手ネット証券なら100円からでも購入できます。

複数の対象に幅広く分散して投資できることも、大きなメリットです。たとえば、日経平均株価は225の銘柄で構成されていますが、日経平均株価と同じ値動きをする投資信託を買えば、それだけで225銘柄すべてに投資していることと同じになります。「卵を一つのかごに盛るな」という投資の格言がありますが、投資先の分散ができていればそのうちのどこかに倒産や不祥事などが起こっても、全体のダメージは小さくなります。株価指数など指数に連動する投資信託を「インデックス投信」といい、こうした商品を使うと効果的な分散投資ができます。

同様に、米国を代表する株価指数であるS&P500に連動する投資信託を買えば、アップルやマイクロソフト、アマゾンといった日本でもなじみ深い企業500社にまとめて投資していることと同じになります。

積み立て投資では値上がりしても値下がりしてもメリットが

投資に初めてトライする人は、投資信託を毎月一定額、自動で買いつけていく積み立て投資からスタートしてみましょう。分散投資ではあっても対象が株式である以上、価格は日々上がったり下がったりします。経験の少ない人ほどこうした変動に一喜一憂し、それが失敗につながりやすいのですが、決まった額を買い続ける積み立て投資であれば価格の変動をメリットに変えられます。

たとえば、野菜の価格は豊作なら安くなり不作なら値上がりします。積み立て投資は、そのときの価格にかかわらず、毎月1万円など決まった額の野菜を買い続けることをイメージしてください。

安いときにはたくさん買えますが、高いときには少ししか買えません。そうなると自然に、「安いときに多めに買って、高いときには控えめに」という投資が続いていきます。これを長く続けるほど、持っている資産はそこそこ安めに投資ができている状態になるのです。積み立て投資で買いつける対象は野菜と違って腐ることはなく、いつまでも持ち続けられます。じわじわとでも値上がりしていけば、その価値は上昇していきます。

投資対象の価格が上がっても下がってもメリットになる点も、積み立て投資の魅力です。投資している対象が値上がりしたら、すでに買って保有している分の価値が上がるので、うれしいことです。逆に値下がりしたら、これから買いつける分を安く買えることになるので、これも喜んでいいのです。市場が永遠に値下がりすることは考えにくく、いずれ上昇に転じます。安値の期間が長く深いほど上昇に転じた時の利益は大きくなります。

個人の感情的な売買は、資産増につながらない

個人投資家の投資がうまくいかない理由の大半は、感情に左右された行動をとってしまいがちなことです。ちょっと値上がりしただけでうれしくなって売却し、少し下がったからといって怖くなって投資を辞めてしまうのでは、いつまでたっても資産は増えません。積み立て投資は価格が上がっても下がってもストレスフリーでほったらかしにしておけるので、相場の波に慣れていない人でも成功しやすいのです。

興味のある人は個別の株式投資にトライしてもOKです。しかしその場合も、大金を一気に投資するのではなく、少しずつ慣れていくようにしてください。日本の株式は100

図表4-1　あなたに合った資産運用は?

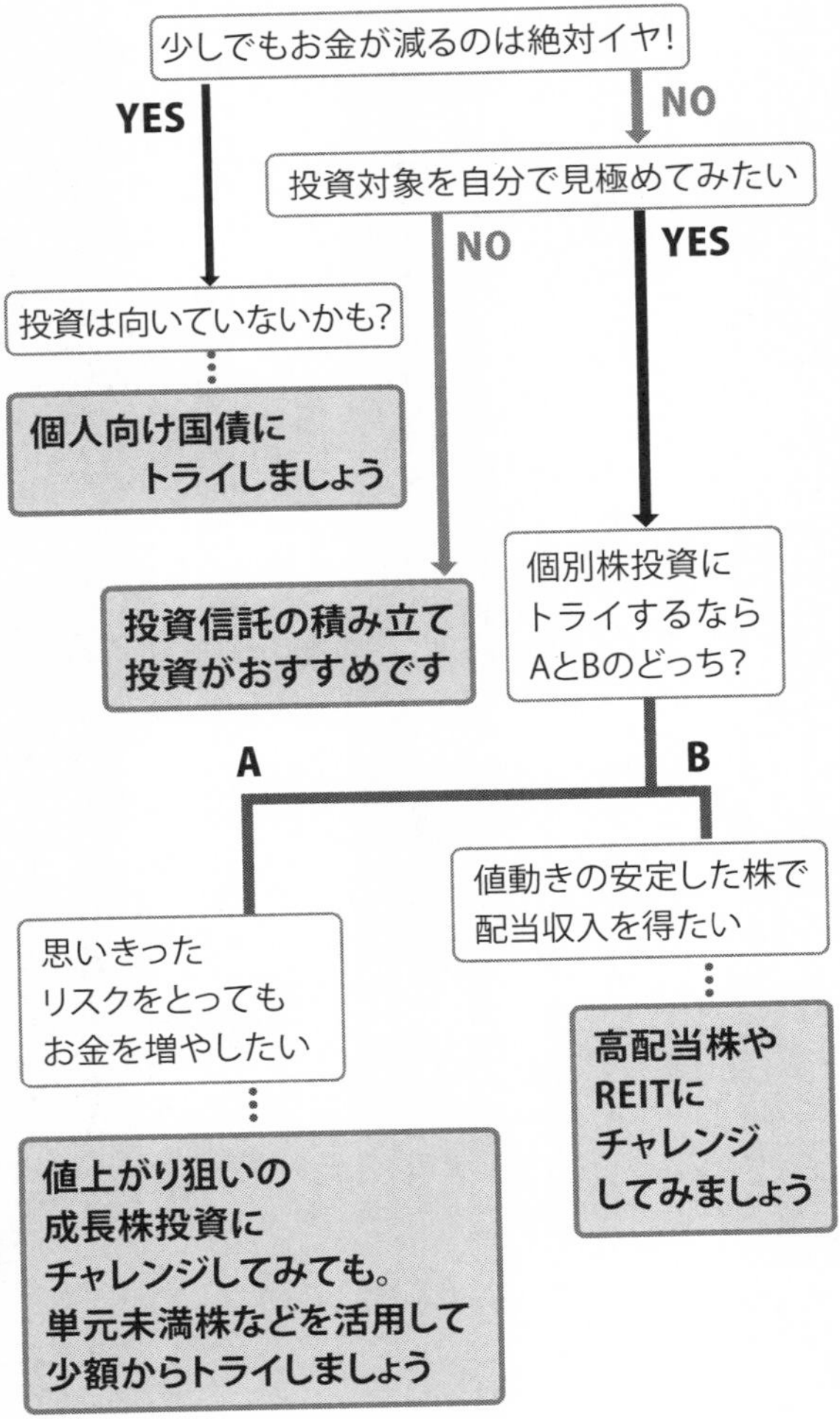
少しでもお金が減るのは絶対イヤ!
YES
NO
投資対象を自分で見極めてみたい
NO
YES
投資は向いていないかも?
個人向け国債にトライしましょう
投資信託の積み立て投資がおすすめです
個別株投資にトライするならAとBのどっち?
A
B
値動きの安定した株で配当収入を得たい
思いきったリスクをとってもお金を増やしたい
高配当株やREITにチャレンジしてみましょう
値上がり狙いの成長株投資にチャレンジしてみても。単元未満株などを活用して少額からトライしましょう

株単位で購入するのが基本で、10万円前後は必要ですが、ネット証券などでは単元未満株といって1株からの投資も可能なので、こうしたサービスを活用するのもいいでしょう。個別株投資と積み立て投資を並行する方法もあります。

積み立て投資は最も安い金融機関なら100円から始められますが、現実的には月数百円の投資はあまり意味がないので、最低でも5000円、できれば2万~3万円で始めてみるのがいいでしょう。

積み立て投資は老後資金対策として政府が積極的に促しており、有利な税制で取り組めるしくみもあります。それがｉＤｅＣｏ（個人型確定拠出年金）とＮＩＳＡ（少額投資非課税制度）です。次項では、この二つの制度について解説していきます。

この項のポイント

- 意欲と興味があれば、個別株の投資にトライしてもよい

Q 今から始めるならiDeCo？それともNISA？

A 運用できる期間と受けられる控除の額で選びましょう

「老後2000万円問題」が注目を集めてから、NISA（少額投資非課税制度）とiDeCo（個人型確定拠出年金）、二つのキーワードが注目を集めるようになりました。これらのしくみを使って老後資金をつくろうと、口座を開設する人が急増したのです。

NISAとiDeCoはいずれも、通常の証券口座を使う場合より有利な税制で投資ができるしくみです。本来なら投資で得た利益には約20％課税されるので手もとに残るのは8割程度になりますが、これらのしくみを使うなら課税されずに運用を継続できます。投資をしていると利益がさらに利益を生む複利効果も期待できるので、長く続けるほど非課税で運用できるメリットは大きくなります。

iDeCoには65歳までというリミットがある

投資できる資金がたくさんあるなら、両方をフルに使って非課税メリットを最大限享受するのがベストですが、多くの人はそこまでの余裕はなく、どちらを優先して使うかを決める必要があります。選ぶポイントは2点あります。

第一のポイントは、運用できる期間です。iDeCoは資金を積み立てられるのが最長65歳まで、新規の資金を入れずに運用を続けられるのは75歳までというリミットがあるのに対し、NISAにはこうした制限がありません。

第二のポイントは、所得控除です。iDeCoは積み立てた資金が税金の計算のもととなる所得から控除されて所得税や住民税を減らす節税効果があるのに対し、NISAにはこうしたメリットはありません。iDeCoなら資金を積み立てている間、節税メリットを受け続けることができます。

収入が多い人ほどiDeCoの節税効果は絶大

iDeCoの節税効果は見逃せません。特に収入が大きく所得税率が高い人は節税メリットも大きくなり、運用期間が短いというデメリットを補えることもあります。

たとえば、月額2万3000円をiDeCoに積み立てている場合、所得税率が20%の人なら年間の節税額は所得税と住民税を合わせて8万2800円です。所得税率が40%の人であれば、1年で軽減できる税額は13万8000円に達します。この節税の恩恵を5年受けられれば、それだけで69万円が手もとに残ることになり、万一運用で多少の損失が出たとしても、節税効果が上まわるケースが多いでしょう。

また、iDeCoは65歳で積み立てできる期間は終わりますが、相場環境が悪く損失が出ているようなら、換金せず回復するのを待つことも可能です。たとえば、2009年3月には日経平均株価がバブル崩壊後最安値の7054円をつけましたが、5年後の

図表4-2　NISAとiDeCoの違い

iDeCo		NISA 2024年開始の新NISA
65歳まで（運用は75歳まで）	投資期間	期限なし
あり	所得控除	なし
月額下限は5000円 上限は1万2000~6万8000円 （勤務先などにより異なる）	投資額	生涯で1800万円 （積み立ては年120万円、成長枠は年240万円まで）
投資信託、定期預金など	投資対象	投資信託、個別株、REITなど
積み立て	投資方法	積み立ても一括も可能
60歳から	出金	いつでも可能

２０１４年３月には１万５０００円を突破しました。５年も待てば相場の環境は大きく変わり、有利に換金できるタイミングがやってくる可能性は高いでしょう。

とはいえ、長期投資のメリットを受けるには10年以上の積み立て期間はほしいところです。しかし、ｉＤｅＣｏでは65歳で積み立てをストップしなければならないので、60歳を超えている人には使いづらい面があります。

さらに、所得税率が低い人や住宅ローン控除を受けていて払っている所得税の額が少ない人は、ｉＤｅＣｏの所得控除のメリットが大きくありません。思い立った時点で60歳を超えている場合やあまり所得が高くないなら、ＮＩＳＡを選ぶほうが自由度も高く、柔軟な投資ができるでしょう。特に、ＮＩＳＡは２０２４年から新しいしくみ（次ページ）に衣替えし、現行制度より使いやすくなって魅力がさらに高まっています。

ｉＤｅＣｏは積み立てられる掛金の上限額があり、勤務先に企業年金制度がない会社で働く人と専業主婦（夫）は月額２万３０００円です。企業年金のある会社に勤務する人は、２万円の場合と１・２万円の場合があるので勤務先に確認しましょう。公務員は１・２万円、年金の２階部分を持たない自営業者は６万８０００円まで積み立てられます。

この項のポイント

- 60歳以上の人、収入があまり多くない人や控除を受けられない人はＮＩＳＡを
- 60歳以下や収入が多い人はｉＤｅＣｏを優先
- 余裕があれば両者を併用しましょう

COLUMN 5

新NISAが2024年にスタート

　非課税で有利に投資できるNISAは、2024年から新しい制度がスタートします。利益に課税されずに投資ができるというメリットはそのままに、より使いやすいしくみになります。

　主な変更点は次の4点です。

(1)非課税で投資できる期限がなくなる

　旧制度のNISAは非課税で投資できる期限が設定されていますが、新しいNISAでは期限を気にせず、投資を続けることができるようになります。

(2)個別株投資も積み立て投資も両方できる

　新NISAでは「つみたて投資枠」と個別株などにも投資できる「成長投資枠」が設けられ、その両方を併用できるようになります。

図表4-3　新NISAでは期限がなくなる

	現行 NISA 2023年まで		新 NISA 2024年から
新規で投資できる期間	つみたて 2023年まで 一般 2023年まで	→	無期限
非課税で運用できる期間	つみたて 最長20年間 一般 最長5年間	→	無期限

(3)非課税で投資できる金額が増える

非課税投資はいくらでもできるわけではありませんが、新制度では、つみたて投資が年１２０万円、成長投資枠では年２４０万円まで投資できるよう枠が拡大されます。生涯で１８００万円までの非課税投資が可能です。１８００万円のうち、成長投資枠は１２００万円までとされていますが、つみたて投資であればこうした制限はなく、１８００万円すべてをつみたて投資に使ってもかまいません。

(4)非課税投資枠を再利用できる

新制度では、売却して空いた枠を、再利用して何度でも投資できます。枠が空くのは翌年以

図表4-4　新NISAでは投資できる金額が増える

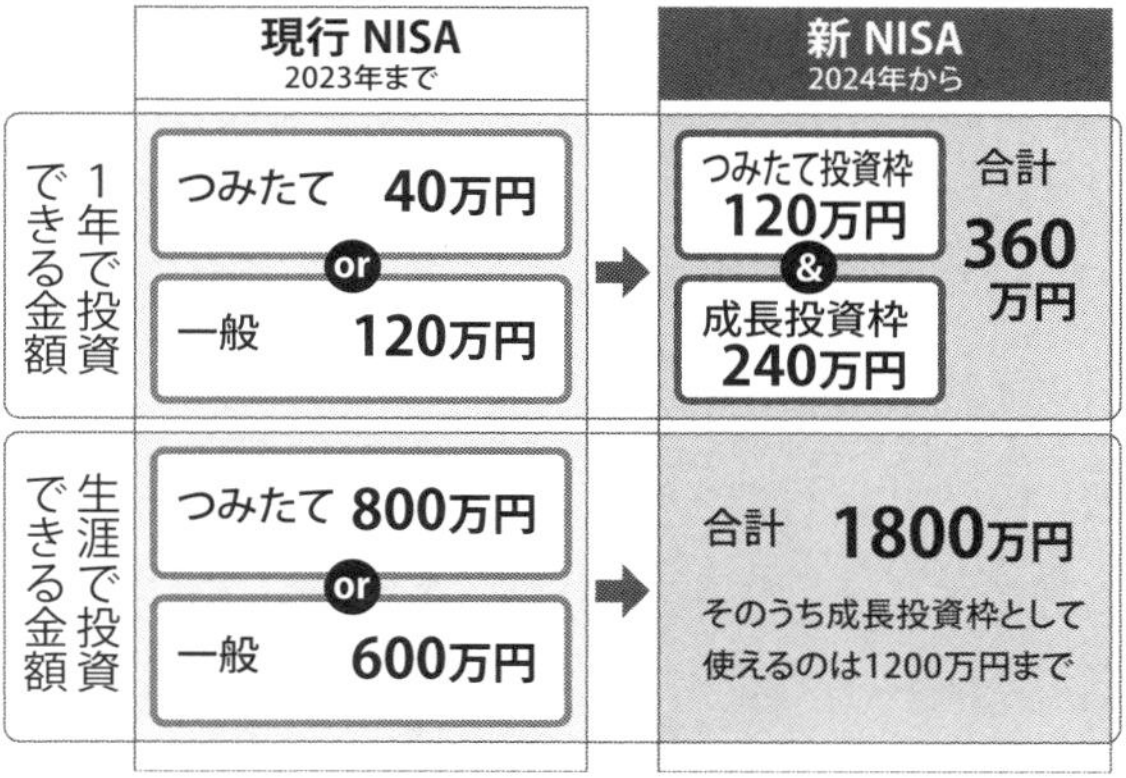

	現行 NISA 2023年まで		新 NISA 2024年から	
1年で投資できる金額	つみたて **40万円** or 一般 **120万円**	→	つみたて投資枠 **120万円** & 成長投資枠 **240万円**	合計 **360万円**
生涯で投資できる金額	つみたて **800万円** or 一般 **600万円**	→	合計　**1800万円** そのうち成長投資枠として使えるのは1200万円まで	

降という制限はありますが、１８００万円の枠を何度も利用できるのであれば、一般的な収入や資産の人ならほぼＮＩＳＡの範囲内で投資ができることになります。

また、新ＮＩＳＡと２０２３年までの旧ＮＩＳＡはまったく別のしくみなので、旧ＮＩＳＡで投資を始めれば、その分多く投資できることになります。ただし、旧ＮＩＳＡで投資した株などを新ＮＩＳＡに移すことはできない点には注意してください。

旧ＮＩＳＡの口座を持っていれば、新ＮＩＳＡの口座は同じ金融機関で自動的に開設されます。

Q 新NISAで積み立てる投資信託。ネット証券選びで損トクはないか？

A 大手ネット証券だと扱い商品の違いはあるが、損トクの差はほとんどない

初めて投資にチャレンジするのであれば、積み立て投資が最もトライしやすくおすすめです。積み立て投資は一括投資とは異なり、スタートするタイミングに投資の成果があまり左右されないことも始めやすい理由の一つです。

NISAは銀行や郵便局でもできますが、将来、別の投資にもトライしてみたくなる可能性も考えれば、個別株も扱う証券会社で口座を開設したほうが、のちのちの自由度が高くなります。また、銀行はNISAで投資できる投資信託が限られている傾向がありますす

が、大手ネット証券であれば対象の投資信託のほとんどを扱っているので選択の幅も広がります。

コストが安く、資金をたくさん集めて安定した運用を行っているものを選ぶ

ＮＩＳＡ口座を開設したら、積み立てる投資信託を選びます。新ＮＩＳＡのつみたて枠で買える投資信託は、投資の成果が一定の指数に連動するインデックス投信が大半で、連動する指数が同じならどの商品を選んでも投資成果はほとんど同じです。コストが安く、資金をたくさん集めて安定した運用を行っているものを選ぶとよいでしょう。

投資する対象は、全世界の株式に分散投資するのがいいでしょう。１本の投資信託で世界中の株式市場に投資できる商品もありますし、日本や先進国、新興国など各地域の株式に投資する投資信託を組み合わせて買うこともできます。１本にまとめるのが最もシンプルではありますが、対象ごとに投資の値動きやパフォーマンスは異なるので、分けて投資をしておくと現金が必要になったときに成績のいいものから換金し、低迷している対象は

図表4-5　投資したい対象別　おすすめの投資信託

世界中の株式	eMAXIS Slim **全世界株式（オール・カントリー）**	これ１本で日本を含む世界中の株式に投資ができる
日本株式	eMAXIS Slim **国内株式（TOPIX）**	2000銘柄超で構成されるTOPIX（東証株価指数）に連動する投資信託。日本株の最も有名な指数は日経平均株価で、構成銘柄は225しかない。分散効果を高めたいならTOPIXが適している
先進国株式	eMAXIS Slim **先進国株式インデックス**	米国を中心に欧州などの先進国の株式に投資。日本は含まない
新興国株式	eMAXIS Slim **新興国株式インデックス**	中国、台湾、インド、韓国のほか、南米やアフリカなどの新興国の株式に投資する
米国株式	eMAXIS Slim **米国株式（S&P500）**	米国を代表する500社で構成されるＳ＆Ｐ500に投資。アップル、マイクロソフト、アマゾンなど日本でもなじみ深い企業が構成比率の上位を占める

回復を待つということができます。

投資したい対象別におすすめできる投資信託をピックアップしました（前ページ図表）。ここでは、手数料が最安水準の「eMAXIS《イーマクシス》 Slim《スリム》」シリーズを紹介していますが、このほかにも「たわらノーロード」「ニッセイ」「iFree《アイフリー》」「SBIインデックス」などの低コストインデックス投信シリーズがあります。

商品間のコスト差はごくわずかなので、これらのシリーズならどれを選んでも大きな差はありません。金融機関によっては扱いがないものもありますが、大手ネット証券であればこれらのシリーズにはほぼすべて投資できます。

この項のポイント

- 大手ネット証券なら品ぞろえの差はほぼなく、低コストのインデックス投信が充実

Q 個別株をやってみたいが、銘柄はどう選ぶべきか？

A 配当金や株主優待狙いの投資で、老後生活資金の余裕をめざしては？

世界中の株式に分散して積み立て投資するのもいいけれど、身近な日本企業の株式に興味を持つ人もいるでしょう。興味と意欲があれば、積み立て投資と並行して個別株投資にチャレンジしてみるのも大いにアリです。損失を出すリスクは積み立て投資よりは高くなりますが、「守るお金」に手をつけないよう、「増やすお金」の範囲内でリスクをとりすぎないよう注意すれば、勉強しがいのある分野で定年後の趣味としてもよいと思います。

ただし、「月〇万円稼ぐ！」といったノルマを課してしまうと、リスクの高い取引に走りがちで結果として損失を出しやすくなります。投資額や損失が出た場合の対応などのルールを定めるのは重要ですが、短期的な利益目標は定めないほうがよいでしょう。

配当金に依存しすぎないように注意を

個別株投資といっても、短期で値上がりを狙う手法や、長期でじっくり育てる投資などさまざまなスタイルがありますが、経験の少ない定年世代であれば比較的値動きが安定している高配当株を狙って、配当金をもらい続ける投資が手がけやすいでしょう。

株価に対して配当額が比較的多い高配当株は、業績が安定している大企業の株が多くあります。配当利回りが4～5％程度の高配当銘柄を少しずつ買い増し、年に数万、数十万という配当を受け取るまでになると、インパクトのある収入になります。

高配当株は比較的値動きが安定しているとはいえ、株式である以上、株価は当然変動します。また、市場環境が悪化すると配当が減ったりゼロになることもあるので、なくなるとただちに困るような生活費に充てるのではなく、お小遣いの感覚で受け取るようにしましょう。できれば複数の業種に分散して保有し、投資の時期もあまり集中させず、市場が大きく下落したタイミングで買い増しできるぐらいの余力を残しておくのがおすすめです。

なかには魅力的な株主優待を実施する銘柄もあります。ただし、近年は株主優待を廃止する企業が増えており、優待だけを目当てに投資するのはリスクが高くなります。人気の株主優待が廃止されると、株価が大きく下がることがあるからです。一般的に、クオカードやカタログギフトなど100%企業側の持ち出しになる優待は廃止リスクが高く、自社製品や自社店舗の食事券などは比較的廃止のリスクは低くなります。企業側が株主に対する還元をどの程度重視しているか、その姿勢にも注目しましょう。

この項のポイント

- 定期的な配当収入が得られる高配当株投資もシニア世代に人気です

Q 退職金で不動産投資にトライすべきか、やめておくべきか？

A 現物不動産より手軽に投資できるＲＥＩＴという選択肢もあります

安定的な家賃収入が得られる大家さん業は、老後の収入源としてはとても魅力的に映ります。しかし、現物の不動産は投資の金額が非常に大きくなるうえ、現金化したいと思ったときも時間と手間のかかる投資対象です。

億を超える資産を持つ人が分散投資の一環として手がけるのであればいいのですが、そうでない人が手を出すと、リスクのとりすぎになることもあります。

家賃収入がほしいなら、ＲＥＩＴ（不動産投資信託）に投資する手があります。ＲＥＩ

Tは投資家から集めたお金でオフィスビルやマンションなどを取得して、賃貸収入を投資家に分配する金融商品です。

収益の9割以上を分配すると法人税がかからない優遇措置があるため、利回りは高い傾向があります。ただし、REIT価格は株価などと同じように変動しています。人気が高まって値上がりすると利回りは低くなり、値下がりすると上がります。3～5％程度の利回りが平均的ですが、銘柄によっては2％台のものから7％を超える銘柄もあります。

さまざまなREIT銘柄が上場しており、10万円程度から株式と同じように売買できます。分配金は年2回から4回程度で、分配金が出る時期の異なる銘柄を複数組み合わせれば、毎月分配金を受け取ることも可能です。新NISAの成長投資枠で投資できます。

この項のポイント

- REITは少額で投資でき、安定した分配金が期待できる

Q 現役時代から続けている投資、定年を機に現金化するか、運用を続けるか？

A 定年後の人生は長い、今後もゆっくり育てましょう

一般的な投資アドバイスとして、「若いときはリスクの高い投資もOKだけれど、年齢が上がるほどリスクを抑えた投資に切り替えていきましょう」といわれます。これも正解の一つですが、今は多くの人にとって定年後も十分に長期投資できる期間があります。

すでに投資をしている人なら、投資を始めたときに「この株で資金を大きく増やしたい」「このお金を老後資金に育てたい」といった目標や使い道を漠然とでも設定しているものです。投資の出口はもともとの目標を優先して考えたほうが、満足できる結果になる

可能性は高いのではないでしょうか。

多くの人は60歳で定年を迎えても仕事を続けるので、毎日の暮らしが劇的に変わるものではありません。ですから、働いて収入があるうちは、老後資金として投資した金融商品をあわてて現金化する必要はないのです。定年後の旅行資金にしたいと思っていたのなら、旅行の計画を立てる際に現金化のタイミングを検討すればいいでしょう。仕事を完全にリタイアしたあとに配当収入を得たいと思っていたのなら、そのまま持ち続ければよいのです。

定年だから、60歳だからと自分の行動を限定する必要はありません。リスクをとりすぎないよう注意すれば、新しい投資にチャレンジするのも大いにＯＫです。

この項のポイント

- 年齢と投資は関係ありません。目標を持って自分のやりたい投資を続けましょう

Q 運用資産を取り崩すとき、定額と定率、どちらのほうがいいか？

A 生活設計重視なら定額、長く資産を生かすなら定率

投資で育てたお金を、どう使っていくかという戦略も重要です。たとえば、70歳でリタイアし、NISAで積み立てた資産を取り崩して年金の不足分を補うという計画を立てたとします。こうした場合、積み立て投資の資産の引き出し方には3パターンがあります。

(1) 70歳ですべて換金して銀行口座に移し、毎月決まった額を引き出す
(2) 積み立て投資の資産から、毎月決まった額を現金化する
(3) 積み立て投資の資産から、毎月決まった率を現金化する

70歳の時点で株式市場が高値のバブル状態になっていると判断できれば、⑴の選択肢も悪くありません。しかし、その後も10年以上生きていくことを考えると、現金化するにしても、半分ぐらいは運用に残しておく選択もあります。

⑵の定額で換金する方法は、毎月4万円などと決めて換金して引き出して使っていきます。残りの資産はそのまま運用されるので、市場環境がよければあまり減らないといったこともある一方で、相場が悪いと取り崩した金額以上に減っていくこともあります。

⑶の方法は、毎月0・2%といったふうに取り崩す割合を決めて現金化する方法です。残高が2000万円であれば4万円取り崩し、翌月に残高が減っていても0・2%ずつ取り崩していきます。年齢を重ねるほど取り崩す額が減っていきます。

定額は、毎月使えるお金が一定で生活設計を立てやすいことがメリットです。一方、定率は年齢を重ねるほどに使える額が減りますが、資産の寿命が長くなり、お金が尽きるのを定額より先延ばしできるメリットがあります。

取り崩し額が足りなくなったら定額に変更も

70代までならレジャーや趣味の支出も多いでしょうが、80代になるとあまり外出もしなくなるものです。医療費は別にしても、生活費は年齢を経るほど減ってくるので、定率の取り崩しでも、それほど困らないかもしれません。少なくなりすぎたら、その時点で定額に切り替えましょう。使う金額を一定させるメリットを重視するなら定額、なるべく長く資産を残して長生きに対応できるようにするなら定率での取り崩しがいいでしょう。

ちなみに、こうした取り崩しを毎月自分で手続きするのは面倒な作業ですが、楽天証券には定額か定率かを選んで投資信託を現金化してくれるサービスがあります。

この項のポイント

- 自動で現金化してくれるサービスがある証券会社が便利

Q

老後の資金が足りるか不安、何から支出を減らすのがカシコイ選択か？

A

細かい節約を頑張るより、ストレスのない家計のダウンサイジングを！

老後のお金は足りるのか、生活できるのかということは、定年世代最大の心配事の一つです。そのために投資を始めたり、収入や年金を増やす方法をあれこれ考えたりするわけですが、なにもお金を増やすだけが老後資金対策ではありません。出ていくお金をうまく減らすことができれば、収入が増えなくても老後の家計は安定させられます。

そもそも、仕事を辞めれば通勤用の服やランチ代が必要なくなり、仕事帰りに一杯といった付き合いもなくなります。時間に余裕ができて自炊もしやすくなり、外食やテイクアウトで食事をする機会も減るでしょう。リタイア後の生活費は自然と現役時代よりも減るのが普通で、同じだけの生活費を用意する必要はありません。

光熱費以外の固定費から見直す

そのうえであらためて家計を見直し、不要な出費を削る家計のダウンサイジングにトライしましょう。着手は早いほど効果的で、できれば定年前から手をつけておくのが理想です。早いうちから家計のスリム化を実現できれば貯蓄も増やせるうえ、働けなくなったときの取り崩しも小さくでき、無理のない老後対策が可能になります。

支出を減らすといっても節電や節水といった細かい節約は手間やストレスが大きい割に効果は大きくありません。まずはストレスなく実行でき、支出削減効果の高い「固定費」を見直します。たとえば、携帯電話の料金プランは近年劇的に下がっているうえ、格安の事業者も出ています。長い間、古いプランのままにしていないかチェックしましょう。事業者を乗り換えなくても、新しいプランにするだけで数千円安くなる場合もあります。

また、現役時代は通勤時間や昼休みなどにスマホを使っていた人も、出社日や外にいる時間が減れば以前ほどの通信量は必要なくなります。通信量が少なく安いプランのある事業者に乗り換える手もあり、自宅のネット環境が必要ない人であれば、スマホの通信量を確保して自宅のＷｉ－Ｆｉを撤去するのも選択肢の一つです。ただ、家電をＷｉ－Ｆｉにつないでいる人や、いずれそうしたいと思っている人ならＷｉ－Ｆｉは必須なので、スマホとＷｉ－Ｆｉをセットにして安く提供する事業者に乗り換えてもいいでしょう。

都会でマイカー、ホントにいるの？

また、都市部に住んでいて、マイカーがなくても生活できる環境にある人は、思い切って車を手放すと劇的な支出の削減効果があります。車は車両の買い替えコストのほか、毎年の自動車保険や隔年の車検、整備代、自動車税、ガソリン代、駐車場代など、かかる費用が高額になりがちな金食い虫です。

地域や使い方にもよりますが、車を手放すと維持費だけで年50万円近い出費が浮くケースもあります。買い替えにかかる車両費も不要になり、実質的な支出減はさらに大きくなります。

車を手放すと不便にはなりますが、必要なときはタクシーやレンタカー、カーシェアリングを活用してはどうでしょうか。利用のつどかかる出費は気になるでしょうが、車を定期的に買い替えたり、維持費を払い続けることに比べれば安いものです。

地方に住む人など、車を手放せない場合は、車そのものをコンパクトカーや軽自動車などにダウンサイジングしたり、自動車保険の車両保険は外すなどの対策をするといいでしょう。車両保険は車が損傷した場合の修理代になりますが、事故を起こすと翌年以降の保険料が跳ね上がるので小さな事故なら車両保険を使わずに自腹で修理するケースも多く、高い保険料を払うメリットが感じられないこともあります。

固定電話をやめるのも一案です。基本料金はナンバーディスプレイを含めて2000円強なので削減効果は大きくはありませんが、今はスマホのSNSで音声通話が無料で、通常の通話でも5分までが無料といった携帯電話のプランもあります。固定電話はセールス

図表4-6　車を手放せば年50万円の支出を削減できる（1500cc想定）

駐車場（月：20,000円）	240,000円／年
任意保険（車両保険つき）	60,000円／年
自動車税	34,500円／年
車検（法定費用＋車検基本料＋部品交換／2年：140,000円）	70,000円／年
ガソリン代（月：8,000円）	96,000円／年

（筆者による試算）　**年間合計：500,500円**

や特殊詐欺の電話の温床にもなっているので、むしろないほうが安心です。
また、通っていないスポーツジムや使っていない動画配信サービスなど無駄なサブスクサービスにお金を払っていないかも、あらためてチェックするようにしましょう。

この項のポイント

- 固定費を見直せば家計は劇的にスリム化できます

Q 支出を抑え、生活を楽しむなら、ポイ活はやっておいたほうがトクか？

A ポイ活は合わない人もいます。面倒に感じるならやらなくてOK

定年後は収入が減る一方で時間には余裕ができるので、ポイントや航空会社のマイルを集めてトクする〝ポイ活〟に興味を持つ人も多いかもしれません。

ポイ活は本格的に取り組めば、年間数万円相当のポイントを貯めるのもむずかしくはなく、とてもおトクです。始めるとすっかりハマってしまう人も多く、ポイント獲得のための複雑な条件をクリアする戦略も必要になるため、意外と奥が深いのです。

一般的に、ポイ活を楽しめる人は日々の節約もゲーム感覚で取り組むのが上手で、こうした人であればメリットはとても大きくなります。しかし、そもそもポイント還元は企業側が消費を促進させる狙いでやっていることなので、消費者の財布のひもが緩むようしくまれていることは肝に銘じる必要があります。このため、もともと浪費の傾向がある人は、ポイントを貯め始めると浪費が加速する心配があります。

そもそも常にポイント獲得を意識した消費行動を取ることは、興味のない人にとっては苦痛でしかありません。さらに、ポイントは出費の一定割合が還元され出費の多い人ほどトクしますが、出費を抑えて家計のスリム化を進める定年世代にはそれほど有利なわけではないのです。少しでも家計をラクにしたいなら、ポイントを貯めるよりも、日々の支出を見直すほうがはるかに重要です。

この項のポイント

- ポイント欲しさに財布のひもが緩まないよう注意して!

第五章

不動産、生命保険…などの老い支度

最後まで残る資産にケジメをつける

定年世代はまだまだ元気、それでも少しずつ、でも確実に心身の衰えが進んできます。10年後、20年後も豊かな生活を送り続けるために、今できることを知り、実行していきましょう。

Q 定年を控え、生命保険の保険料が重荷だ。解約すべきか、残すべきか？

A 掛け捨ての死亡保障は見直しを、貯蓄型の終身保険は払い済みを検討して

生命保険文化センターの調査によると、1世帯が払っている平均の生命保険料は年間37・1万円に達し、月額だと3万円を超えます。家計のスリム化が求められるシニア世代に、これだけの保険料を払い続ける必要性は大きくありません。

一家の大黒柱に万一のことがあった際に頼りになるのが死亡保障ですが、それは主に子どもの養育にかかる費用です。子どもが独立し、夫婦ふたりの生活になっているのであれば、多額の死亡保障はいりません。夫婦いずれかに万一のことがあっても、会社員として

働いてきた人であれば、残されたパートナーは遺族厚生年金を受けられるので、突然収入がゼロになることはないのです。

葬式代程度は生命保険で残したいと考える人もいます。たしかに死亡後は故人の名義の銀行預金が引き出せなくなるので、当座の費用が保険で賄えるのは便利です。しかし、これはあらかじめ預金の名義を分散しておくことで対応できます。また、「一つの金融機関につき150万円まで」「上限金額は法定相続分の3分の1まで」という縛りはありますが、金融機関で故人名義の口座の仮払いが認められています。近年は葬儀が簡素化し、葬儀代に何百万円も用意する必要はないという考え方もあります。

シニア世代にそもそも大きな保障は不要

死亡保障は、掛け捨ての定期死亡保険と貯蓄型の終身保険の両方をかけている人も多くいます。掛け捨ての定期死亡保険は安い保険料で大きな保障を受けられるのがメリットですが、シニア世代にそもそも大きな保障は不要ですし、更新のたびに保険料が上がって負担が重いので解約するか、保険金額を小さくすることを検討しましょう。

貯蓄代わりに払い込みを続けている終身保険は、使い勝手のよい商品ではありません。〝お宝保険〟といわれる1990年代以前の契約は別ですが、近年の契約では予定利率は1%にも達していないものも多く、この先何年も資金が拘束され続けるデメリットを補うほどにはお金が増えないからです。長期の積み立て投資であれば3～7%程度の利回りは期待できるので、資金が拘束されるならそちらのほうが、よほど割がいいでしょう。

「払い済み」にできれば、以後の出費が浮く

本来、万一の保障は掛け捨ての保険で備え、貯蓄や投資は銀行預金や個人向け国債、投資信託などの運用商品で行うのが最も低コストです。保険商品が優れているのは万一の事態への備えであり、それを貯蓄や投資代わりとするのは効率的ではありません。

ただし、貯蓄性の高い終身保険は満期を待たずに解約すると、解約返戻金が払い込んだ額の7割前後しか戻らず損をしてしまう商品も多くあります。その場合は、「払い済み」

にできないかを保険会社に確認しましょう。「払い済み」にすると死亡時に受け取る保険金は少なくなりますが、解約せずに保険料の払い込みをストップできます。ただ、商品によっては払い済みにできないものもあります。どうしても元本割れに抵抗があるのであれば継続するしかありませんが、その際もこれから何年にわたって、いくらの金額の払い込みを続けるのかを試算し、解約した場合の損失額と比較して、それでも続ける価値があるかを判断してほしいと思います。

外貨建ての保険は、円建ての保険よりも予定利率が高く人気がありますが、運用コストが高いうえ、契約者が負う為替リスクと利率が見合っていないように思います。こうした商品は銀行の窓口でも積極的に販売されていますが、それは保険会社が銀行に支払う販売手数料が高いからで、その販売手数料は実質的には契約者が負担していることを忘れてはいけません。

また、払い込んだ保険料は外貨で運用されるため、保険料を払う際や満期の保険金を円で受け取る際には為替手数料が差し引かれます。

為替リスクを負ってお金を増やそうとするなら、直接外貨や外国債券を買ったり外国株に投資したりするほうが、よけいなコストがない分、うまくいったときの利益は大きく、失敗したときの損失は小さくなります。外貨建て保険も円建ての貯蓄性保険と同様に、途中解約すると不利にはなりますが、幸い近年の円安傾向で過去に契約した外貨建て保険は円で受け取る解約返戻金が大きくなっている可能性が高いので、これを機に解約を検討してもよいでしょう。

結論としては、貯蓄型の保険でも掛け捨て保険でも、シニア世代が新規加入するのは慎重であるべきです。保険を見直そうと保険ショップなどに出向くと、乗り換えをすすめられることが多いのですが、シニア世代の保険は解約かスリム化が基本です。

この項のポイント

- シニア世代に多額の死亡保障は不要です

Q 定年後も医療保険や入院保険を重視する？別の備え方をしたほうがトク？

A 医療費は公的な制度によって、ある程度は賄えます

定年を意識する世代になると、病気で入院する可能性も高まってきます。懐が気になって治療に集中できないようなことのないよう医療保険で備えたくなるでしょうが、費用対効果が十分にあるかどうかはシビアに検証する必要があります。

医療施設（動態）調査・病院報告の概況（２０２１年、厚生労働省）によると、一般病棟に入院した場合の平均在院日数は16・１日です。入院は短期化しており、この日数は年々短くなっています。

インターネットで加入できる比較的割安なネット保険で試算したところ、1963年生まれの男性が入院1日あたり5000円の給付が受けられる医療保険に加入すると、毎月の保険料は4370円でした。1年続ければ5万2440円、10年続ければ52万4400円の出費になります。

保険料のモトをとるには、10年で7回の入院が必要!?

10年の間に1回、平均的な日数である16日間入院したとすると、受けられる入院給付金は8万円です。2回入院しても16万円にしかならず、保険料のモトを取るには16日間の入院を7回する必要があります。三大疾病で一時金を受けられる特約をつけると保険料が倍近くに跳ね上がるので、モトをとるのはさらにむずかしくなります。

10年で52万円払うのであれば、それを貯蓄しておけば医療費にまわすこともできますし、もし健康で過ごせれば別の用途に使えます。

ちなみに、大きな病気や入院で医療費が高額になった場合は、健康保険の高額療養費制度を使えば、1カ月あたりの医療費を一定額に抑えられます。69歳以下で年収がおおむね370万円以下の人であれば、自己負担額は5万7600円、770万円以下の人でも10万円台で済むことが大半です。入院であれば食事代などが加算されるので実際の負担はもう少し増えますが、極端な高額にはなりません。75歳になれば、医療機関での窓口負担は多くの人が1～2割に下がります。

また、「持病があっても入れる」とうたっている「引受基準緩和型保険」「無選択型保険」といった商品は、一般的な保険よりも保険料が割高です。しかも治療中の病気は保障の対象外であることもあり、あまり加入するメリットはないというのが筆者の考えです。

この項のポイント

- モトをとりたいと思うなら、医療保険は有利ではありません

Q 民間介護保険、認知症保険は無視してよいか、加入したほうがよいか？

A 加入の必要度は高くはないが、認知症患者が起こす事故には備えましょう

保険会社から介護保険や認知症保険をすすめられる人もいるでしょう。介護保険にはだれもが加入する公的な介護保険と、民間の保険会社が販売する保険商品の2種類があります。

公的保険を超える部分をカバーする民間保険

公的な介護保険は40歳になると自動的に健康保険に上乗せして加入するもので、給料か

ら天引きされます。65歳以降も公的年金から天引きされるか自身で納付するなどして支払い続けます。介護が必要になって介護認定を受けると、デイサービスや訪問介護などの介護サービスを1～3割の自己負担で受けられるようになります。

一方、民間の介護保険は保険会社が販売する保険商品に加入し、保険料を負担することで、介護が必要になったときに給付を受けられるものです。公的な介護保険は介護サービスを提供するのに対し、民間は現金給付を受けられるのが大きな違いです。公的な介護保険で受けられるサービスには上限があるので、上限を超えるサービスを受ける際に必要なお金や公的保険で賄えない出費に備えたい人が加入します。

認知症保険は民間の介護保険商品の一種で、認知症と診断されたときに一時金が支給されるような商品が中心です。

民間の保険は若いうちに加入するほど保険料は安く、加入の時期が遅いほど高くなります。たとえば、介護度に応じて一時金と年20万～30万円の年金を通算10回まで受けられるある保険商品で試算すると、60歳男性が加入する際の月々の保険料は3940円（女性は

5690円）で、要介護1以上に認定されるとその後の保険料が不要になるしくみです。85歳で要介護1の認定を受け、88歳で要介護3に認定、90歳で死亡すると仮定すると、支払い保険料の総額は男性が118万2000円、女性は170万7000円になります。

一方、受け取る保険金の合計は、90歳で亡くなると70万円、95歳まで生きて8回受け取れば170万円、97歳まで生きて最大限受け取ると210万円になります（一時金を含む）。男性の場合は93歳、女性は96歳まで生きればモトがとれる計算です。要介護度が上がれば、モトがとれる年齢は下がります。

このシミュレーションからわかることは、早い年齢から高い要介護度になり、長生きした場合には民間の介護保険は頼りになるけれど、そうでない場合は損するケースが多いということです。次のページに挙げた厚生労働省の調査によると、介護認定の8割は要介護3以下で、要介護認定を受けずに亡くなる人も相当割合います。確率だけで判断すれば、民間の介護保険は加入しないほうが手元に残るお金が増える可能性が高いといえます。

20年以上、保険料を納め続けるのであれば、それを積み立て投資や貯蓄にまわした方が

図表5-1　要介護認定の８割は要介護度3以下

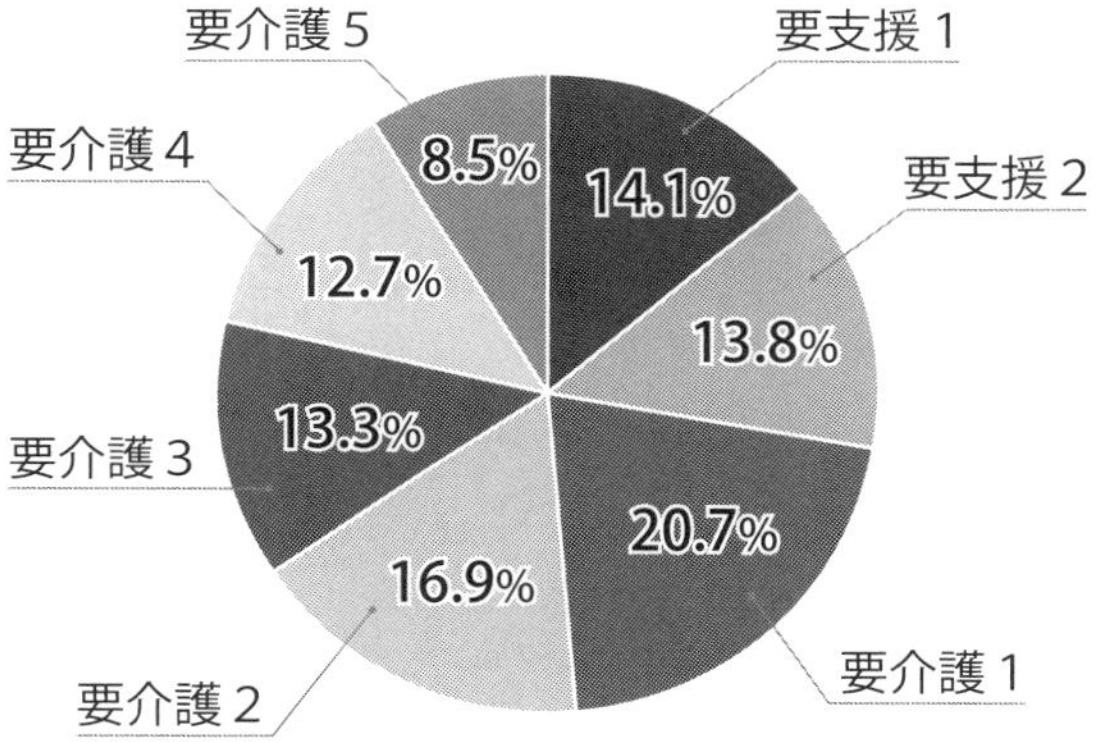

出所：令和３年度介護保険事業状況報告

資産を増やせる可能性は高くなります。

認知症患者事故の損害賠償のほうが心配

怖いのは介護そのものにかかる費用よりも、自分が認知症になって事故を起こした際の損害賠償です。たとえば、認知症の人が誤って他人の物を壊したりケガをさせたりした場合や線路に立ち入って電車を止めたり、水道の蛇口を閉め忘れて階下に漏水するといった事故で、本人や家族に賠償責任が生じかねないケースは実際にあります。

こうした賠償責任をカバーしてくれる個人責任賠償保険（個賠）は、月数百円の保険料で数億円の賠償責任に対応するものも多く、加入しておくことをおすすめします。ただし個賠は単体で販売されることがほぼなく、別の保険の特約として加入します。

火災保険や自動車保険にも個賠特約をつけられる商品が多く、月100円程度の上乗せで済むものもあります。ただし、個賠の特約は同居家族しかカバーしないことが多いので、別居している親のために加入する場合は必ず事前に確認し、親名義の保険に特約をつけることも検討しましょう。また、自治体によっては認知症患者向けに民間の個賠を安価で提供しているところも増えているので、問い合わせてみる価値はあるでしょう。

この項のポイント

- 月数百円から加入できる個人責任賠償保険は検討の余地あり

Q 夫婦だけの自宅でそのまま暮らすか、買い換えるか？

A 結論はどうあれ、早めの検討が欠かせません

70代まではなんとも思わなかった自宅の管理も、80歳を超えると負担が重く感じられるものです。若いころはあたり前にできていた掃除や周囲の除草、階段の上り下りなども、家が広いほどつらくなってきます。

コストの負担も、持ち家に住み続けるのが一番安いと思うかもしれませんが、一戸建てなら外壁や機器類などのメンテナンスが必要ですし、水まわりの劣化などに応じたリフォームも必要です。長く住むほど、相応の出費を覚悟しなければなりません。

どんな結論も納得できるかたちで

暮らしやすさや管理負担の軽さだけを考えるなら、子どもが家を出たらコンパクトで階段もないマンションに住み替えるのが最適な選択です。子どもが里帰りする場所がなくなりますが、家庭を持った子がパートナーや孫を連れてくるとお互い気を遣うので、宿泊はホテルを利用するほうがラクということもあります。交通や買い物の便が比較的良い場所に引っ越して、車を手放せば家計のダウンサイジングが叶うこともあります。子に残す際も、マンションのほうが換金して分けやすいメリットもあります。

それでも住み慣れた自宅が離れがたく、地域コミュニティとのつながりが密な場合はそれ自体に価値があります。夫婦でよく話し合い、納得できる結論を出したいものです。

いずれにしても、満足のいく結果を得るには早めに検討し結論を出すことが重要です。住み続けるなら長期的な視野でリフォームの計画を立てる必要がありますし、住み替える場合も高齢になってからの家探しや自宅売却などの手続き、引っ越し作業は大変です。自宅の管理が重く感じる年齢になってから住み替えたいと思っても、それだけのエネルギーが残っていないことも多く、新しい環境に適応するのもむずかしくなるものです。

自宅の資産価値が高ければ住み替え先の選択肢も広く、老後の資金をプラスできる可能性もありますが、そうではない場合や住宅ローンの残債が残っている場合は簡単にはいきません。リバースモーゲージやリースバック（196ページ）という選択肢もあるので検討してもいいでしょう。

この項のポイント

- 住み続けるにも住み替えるにも、メリットとデメリットはあります

Q 自宅のリフォームやバリアフリー化はいつ行うのがトクか？

A リフォームすべき個所はたくさんあるので、早めに計画的に行う

住み慣れた自宅を終《つい》の棲家にすると決めたなら、長期的なリフォームの計画を立てておきたいものです。特に外壁や屋根、水まわりは年数が経つほど劣化し、雨漏りや故障などのトラブルが発生し、そのままにしておけない事態に発展することがよくあります。直したり交換したりするには大きな費用がかかるので、こうしたことを想定して備えておく必要があります。自宅を相続させるつもりの子がいるのであれば、その子も交えて相談し、費用の一部負担を頼んでもいいでしょう。資産を多く持つ人の場合は、リフォームにお金

をかけて資産を減らしておくことは相続税対策にもなります。

自宅を終の棲家にする場合に、特に重視したいのが安全性です。特に古い一戸建ては高齢者には住みにくく、危険も多くあります。

「住み慣れた我が家だから大丈夫」と、安心しない

住み慣れているから大丈夫と思うでしょうが、高齢になると元気なときには思いもよらなかった事故が起こります。消費者庁と国民生活センターの調査によると、65歳以上の消費者事故の8割近くが家庭内で起こっています。75歳以上では、その6割を占めるのが、「転倒」と「転落」です。具体的には、階段を踏み外す、足がもつれて家具にぶつかる、浴室で滑る、段差でつまずくといった事故でケガを負ってしまうのです。

しかも、高齢になるほどケガが重症化する割合は高まります。自宅でのケガをきっかけに要介護認定を受けたり、要介護度が上がったりする事態もあるのです。

こうしたことを防ぐためにも、早めに自宅を安全な場所にリフォームしておくのが重要

です。たとえば、段差の撤去、階段や浴室・トイレへの手すり設置、開き戸から引き戸への交換、浴室を滑りにくい床材にするといった対策が考えられます。また、居住スペースを一階に集中させて、階段を利用する頻度を少なくするのも有効です。特に寝室からトイレに行くのに階段を使わなければならない状況は、なるべく避けるべきです。

バリアフリー化のリフォームは、介護認定を受ければ一人1回、最大で20万円、かかった費用の9割の補助を受けられます。ただ、介護が必要になる状況を防ぐためのリフォームですから、なるべく早めにやっておくのが得策です。危険度の高い段差の解消や階段・浴室の手すりなどは早めに対処しておくほうが、結局は安くつきます。

自治体によっては、介護認定を受けていない65歳以上の人を対象に、自宅のバリアフリー改修に助成金を出しているところもあるので、問い合わせてみるといいでしょう。

耐震性の向上も重要です。特に、新しい耐震基準になる前の1981年6月より前に着工した建物は地震に対する強度が低くなっていることがあります。高齢になってから自宅が倒壊したり、住めなくなるようなことがあったりしては、精神的、身体的なダメージは甚大です。

自治体によっては耐震診断や耐震補強工事の費用を助成してくれるところもあるので、確認してみましょう。たとえば、東京都世田谷区では、1981年5月31日以前に着工した木造住宅など対象となる建築物では、無料で耐震診断や概算改修費を算出してくれるほか、100万円を限度に（要介護3以上の人が住む場合は50万円上乗せ）、耐震改修工事費を補助してもらえる制度があります。いずれにしても、自身でリフォームをするのであれば、遅くとも70代までにやっておきたいもの。80歳を過ぎてから、大きな費用を伴う工事に対し、適切な判断や選択をするのはむずかしくなると考えておきましょう。

この項のポイント

- 高齢になるまでに自宅を安全な場所にしておきましょう
- 自治体に助成金制度があるかどうか確認しておきましょう

Q 移住の損トクはどう考えるのが正しい？

A 地方都市への移住は家計のスリム化効果が期待できます

シニアだけでなく若い人でも地方移住やUターンがトレンドになっていますが、都市部の自宅を手放しての地方移住は家計のスリム化にも大きな効果が期待できます。

ただし、〝田舎度〟が高すぎると暮らしにくくなることもあります。たとえば交通の便が悪い場所では、将来買い物難民になりかねませんし、地元でとれた野菜や魚介類は格安でも、それ以外のモノの価格やガソリン代などが高くなりがちです。また、広い家や庭の管理は年齢が高くなるほど負担になるうえ、資産としての価値が低い宅地であっても広いとそれなりの固定資産税がかかります。ある程度の人口規模のある地方都市で、コンパクトな家が住みやすいでしょう。

将来を考えると、地方都市なら介護度が重くなって施設入居するときも、手ごろな費用で入居できる施設が多くあります。三大都市圏などでは費用が高く、田舎すぎるとそもそも施設が少ないのですが、地方都市は年金の範囲で入居可能な施設の選択肢が豊富です。

縁のない地域で気候に慣れていない場合も注意が必要です。たとえば、雪深い地域の冬は慣れない人にとっては過酷です。移住を実行する前に、厳しそうな季節に民泊などを利用して住んでみることをおすすめします。新しい環境に慣れるのは若い人でもエネルギーを要するので、決断はなるべく若いうちにしておきましょう。

この項のポイント

- 縁のない地域の場合は、お試し移住は必須です

Q リバースモーゲージやリースバックの損トクをどう考える？

A 老後資金に不安がある場合は有力な選択肢だが……

ずっと家で過ごしたいけれど、住宅ローンの残債が多い場合や、資産は自宅だけで老後資金に不安がある人には、リバースモーゲージとリースバックという方法もあります。

違いを理解し、自分にとってデメリットの少ない選択を！

リバースモーゲージは自宅に住み続けながら、自宅を担保にお金を借りられるしくみです。一括で借りて、そのお金で住宅ローンを完済したうえで担保設定し、毎月の支出を抑

図表5-2　リバースモーゲージとリースバックの違い

リバースモーゲージ		リースバック
一戸建てのみ	対象	不動産全般
そのまま（死亡時に失う）	自宅の所有権	売却するので失う
借りる（自宅担保）	受け取るお金	売却代金として受け取る
制限あり	資金の用途	自由
利息のみ支払う	支払い	賃料を支払う
配偶者のみ	家族の同居	可
必要	相続人の同意	不要

えるという使い方もあります。生存中は元金を返済する必要がなく、本人が亡くなるまで住み続けられ、配偶者に引き継げば夫婦共に亡くなるまで自宅を使い続けられます。亡くなれば自宅の所有権は金融機関に移るので、推定相続人全員の同意を求められることもあります。

デメリットとしては、夫婦以外の同居人がいると利用できないことや、自宅の評価額が定期的に見直されることで借入金額が変動することです。金利は住宅ローンよりも高く、金利が上昇すると支払う利息の額が増えたり、毎年受け取る金額が減ることもあります。

一方、リースバックは自宅を担保に入れるのではなく、事業者に売却し、リース料（家賃）を払って自宅に住み続けるしくみです。賃貸契約になるので、固定資産税や火災保険料などを自分で払う必要はなく、家賃に含まれます。自宅を売却した代金は一括で支払われるので、手元資金を厚くすることも可能です。住宅ローンの残債があっても、売却代金がそれを上まわれば、それで一括返済することができます。

リースバックは自宅を売却するので、自分のものではなくなってしまう点に注意です。

しかも売却額は市場価格の6～8割程度と低めに設定されることが多く、リースバック業者に支払う家賃も周辺の相場よりも高い場合があります。リースバック事業者と結ぶ賃貸契約が定期借家契約だと、期間が満了したときに再契約できるとは限らず、立ち退きを求められるケースがあるなど、デメリットも多くあります。

リバースモーゲージもリースバックも首都圏や都市部など、物件の価格が一定以上の場合が対象です。金融機関やリースバック事業者とやりとりするだけなので手続きが比較的ラクな点もメリットです。自宅以外の資産に不足がある場合や住み続けることにこだわりがある場合、魅力的な選択肢になるでしょう。ただ、老後資金の確保が主な目的であれば、シンプルに自宅を売却して割安な物件に住み替えるほうが手元資金を多く残せます。

この項のポイント

- 老後資金の確保が目的なら、売却するほうが有利

Q 誰も住まなくなった実家はどうするのがトクか?

A のちのちのことを考えると、売却するのがベストな選択です

定年世代になると、自分の家に加え、実家をどうするかという問題にも直面します。高齢の親が施設入居した場合や親を見送ったあとの実家は、多くの場合手放すのが最良の選択です。一つの不動産をきょうだいなど複数の相続人で相続する場合、そのままでは均等に分けたり、活用したりするのは困難だからです。

相続人全員で不動産を共有する手もありますが、活用や処分の際には全員の合意を要するため、結果的になにもできずに放置されがちになります。次の世代以降の相続も複雑に

なってしまうデメリットもあるので、なるべく避けたい選択肢です。住まない実家は売却し、現金で分けるというのが最もシンプルで後悔しにくい選択となるでしょう。

親が元気なうちに対応を決めてもらう

立地さえよければ買い手は見つかるものですが、一戸建ての多くはそこまで恵まれた環境にはありません。特に、交通の不便な場所や過疎地にあるような場合は、買い手が見つかるまでに時間がかかり、その間に荒廃が進んでさらに価値が下がる恐れがあります。誰も住まない家の固定資産税と維持費だけを、延々と払い続けることになりかねません。

また、遠方に住む子が実家のある地域の不動産業者とやりとりしても、あまり熱心には買い手を探してもらえず、いつまでたっても売却できないといった話もよく聞かれます。

住み慣れた家で最期を迎えたいという親の意思は尊重すべきですが、売りやすさを重視するなら、親が元気な間に親自身が不動産業者や近隣の人たちとやりとりしてもらうほうが、売却先も探しやすく手続きもスムーズです。買い手が見つかりにくいエリアでも、隣家や近所の人が買ってくれるようなケースもあります。

このことは、実家だけでなく自分が住む家についても同じことがいえます。もし、現状の自宅が売りにくい地域にあるのであれば、相続人となる子に苦労をかけないよう元気なうちに処分し、売却しやすいマンションや賃貸住宅に住み替えることも検討の価値はあるでしょう。

この項のポイント

- 売りにくい実家の場合は、本人が元気なうちに対応するほうが売りやすくなる

Q 高齢の親が弱ってきた。施設に預けるか、自分でがんばってもらうか？

A 悩まず、早めに行政に相談しましょう

70代までは元気だった親も、80歳を過ぎると急に様子が変わることがあります。特に一人暮らしの親は、注意深く見守ることが必要です。

外出や買い物をおっくうがったり、趣味や好きだったことにも興味を示さなくなったり、横になって過ごす時間が増えてくると要注意のサイン。料理をしなくなったり、食事を抜いてしまう人も多く、お風呂に入る頻度が減るのもよく見受けられるパターンです。

こうしたサインがみられたら、早めに行政のサポートを求めましょう。たとえば、週に

1～2回デイサービスに行って食事や入浴、人とのかかわりを持つだけでも、生活にメリハリが出ます。ヘルパーに来てもらって掃除や食事の支度を手伝ってもらうのもいいでしょう。他人の目が定期的に入ることで、本人の変化にも気づいてもらえます。

身体に大きな不具合がなくても、介護認定を受けてこうした介護保険のサービスを少ない負担で利用することは可能です。ただ、介護認定を受けるには主治医の意見書や本人との面談も必要で、本人が拒否する場合はむずかしくなります。

市区町村の総合事業は利用しやすい

介護認定を受けるのがむずかしい場合でも、一定の介護サービスは受けられます。介護保険は国の事業であるのに対し、市区町村が「総合事業」といわれるサービスを展開しています。介護認定を受けていなくても生活機能の低下がみられる人は、総合事業を活用して訪問型の家事支援サービスやデイサービスなどを利用することができるのです。

介護認定には1カ月ほどの期間が必要になるのに対し、総合事業なら数日で利用を開始できるのもメリット。担当のケアマネジャーもついてくれるので、気になることを相談できるのも心強いものです。はじめは総合事業で様子を見て、必要そうなら介護認定を受けるかたちでもいいでしょう。施設入居を考えるのは、それからでも遅くはないかもしれません。

介護認定を受ける場合も、総合事業の利用を希望する場合も、まずは市区町村の福祉課などの相談窓口か地域包括支援センターに相談してみましょう。

この項のポイント

- 総合事業なら介護認定を受けなくてもサービスを利用できます

Q 親の介護費用の負担を減らしたい！〝裏ワザ〟はないか？

A 条件を確認し、負担が軽減するしくみを利用しましょう

親が介護サービスを受けるようになったり、病気になったりして医療費がかさんだ場合は、次のような金銭的な負担を抑えるしくみがあります。

(1)高額介護（予防）サービス費

介護サービスは所得に応じて1カ月あたりの自己負担額の上限が設けられています。世帯全員が住民税非課税であれば、上限は2万4600円で、それを超えた支払い分は払い

図表5-3　高額介護（予防）サービス費の自己負担上限額

区分	負担の上限額（月額）
課税所得690万円（年収約1,160万円）以上	140,100円（世帯）
課税所得380万円（年収約770万円）～課税所得690万円（年収約1,160万円）未満	93,000円（世帯）
市町村民税課税	44,400円（世帯）
課税所得380万円（年収770万円）未満	93,000円（世帯）
世帯の全員が市町村民税非課税	24,600円（世帯）
前年の公的年金等収入金額＋その他の合計所得金額の合計が80万円以下の人など	24,600円（世帯） 15,000円（個人）
生活保護を受給している人など	15,000円（世帯）

戻されます。一度申請すれば、翌月からは手続きなしで指定した口座に払い戻されます。

(2)高額医療・高額介護合算療養費制度

1年間の医療費と介護保険の自己負担の合計が、所得に応じた限度額を超えた場合に一定額が払い戻される制度です。世帯単位なので、夫婦にかかった医療費や介護サービス費を合算できます。また、高額療養費制度（180ページ）や高額介護サービス費を利用して負担が減っている場合でも、自己負担分が対象になります。

ただし、同じ健康保険である必要があるので、後期高齢者医療制度に加入する75歳の夫と国民健康保険に加入する74歳以下の妻の場合は合算できません。また、この制度での「1年間」は暦年ではなく、8月から7月までを1年の単位とします。

(3)世帯分離

介護サービスを受ける親と同居している場合は、世帯分離の手続きをすることで自己負

図表5-4　高額医療・高額介護合算療養費制度の
70歳以上の自己負担限度額

区分	自己負担限度額
年収約1,160万円以上	212万円
年収約770万円以上約1,160万円未満	141万円
年収約370万円以上約770万円未満	67万円
年収約370万円未満	56万円
住民税非課税世帯等	31万円
住民税非課税世帯で年金収入80万円以下等	19万円※

※介護サービス利用者が世帯内に複数いる場合は31万円

担を抑えられる場合があります。高額介護（予防）サービス費の自己負担割合は、本人の所得と世帯の所得で決められる場合があり、世帯で決められている場合は親子の世帯を分けて所得を減らすことで自己負担額を抑えられるのです。

また、親世帯の収入額によっては、分離することで新たに住民税非課税世帯になることもあり、住民税が軽減し、高額療養費の自己負担額が下がる効果も期待できます。

ただし、親子で介護サービスを受け

ている場合などは世帯合算ができなくなるため、かえって負担が増える可能性があります。また、そうではなくても、健康保険料の負担が増える場合もあるので慎重に検討しましょう。

この項のポイント

- かえって負担が増えるケースもあることに注意

Q 住んでいる実家を相続する予定だが、相続税を抑えるツボは？

A 相続税が軽減される特例があります

現金や株式などの資産であれば、そこから相続税を支払うことは容易ですが、換金しづらい不動産となると話は別です。ましてや相続財産が住んでいる実家しかないのに多額の相続税を課税されると、売却しなければ納税できない事態にもなりかねません。

相続財産が次の式の「基礎控除額」を下まわっていれば、相続税は課税されずに済みます。

基礎控除額＝3000万円＋（600万円×法定相続人の数）

小規模宅地等の特例を適用すると実家の評価額が下がる

相続人が一人の場合は相続財産が3600万円まで、二人の場合は4200万円までであれば相続税はかからず、申告も不要になる計算です。

また、両親が健在なら、夫婦間では相続税がかかりにくくなっています。配偶者は1億6000万円か法定相続分までなら相続税はかからず、父親名義の実家を母親が相続した場合は1億6000万円までは無税になります。ただし、母親に全額相続させるのが必ずしも有利とは限りません。母親が亡くなったあとの「二次相続」での相続税が、非常に高くなる恐れがあるからです。

実家の相続税を抑えるには、「小規模宅地等の特例」を活用する方法があります。故人が自宅として使っていた土地は、配偶者か一定の要件を満たす親族が相続すれば、相続税計算時にその宅地の330㎡（約100坪）までの部分について評価額が最大80％まで減額されます。たとえば、評価額が8000万円で300㎡の土地なら、評価額は8割減額され1600万円になる計算です。建物は対象になりませんが、土地だけなら基礎控除額に収まります。

この特例は、同居している子にも適用されます。故人が一人暮らしであれば、別居している子でも対象になることがあります（家なき子特例）。相続する子や親族が3年以上にわたって賃貸住宅や第三者の所有する家屋に住んでいる場合が対象ですが、そのほか細かな要件もあります。

親が亡くなってからの相続税対策は限られるので、親が元気なうちから話し合っておくことが重要です。相続税対策は相続財産の内容や家庭の状況によって大きく異なるうえ、特例の適用要件も複雑なので、早めに税理士に相談することをおすすめします。

この項のポイント

- 両親が健在のうちに対策を進めておきましょう

青春新書
INTELLIGENCE

こころ涌き立つ「知」の冒険

いまを生きる

〝青春新書〟は昭和三一年に──若い日に常にあなたの心の友として、その糧となり実になる多様な知恵が、生きる指標として勇気と力になり、すぐに役立つ──をモットーに創刊された。

そして昭和三八年、新しい時代の気運の中で、新書〝プレイブックス〟にその役目のバトンを渡した。「人生を自由自在に活動《プレイ》する」のキャッチコピーのもと──すべてのうっ積を吹きとばし、自由闊達な活動力を培養し、勇気と自信を生み出す最も楽しいシリーズ──となった。

いまや、私たちはバブル経済崩壊後の混沌とした価値観のただ中にいる。その価値観は常に未曾有の変貌を見せ、社会は少子高齢化し、地球規模の環境問題等は解決の兆しを見せない。私たちはあらゆる不安と懐疑に対峙している。

本シリーズ〝青春新書インテリジェンス〟はまさに、この時代の欲求によってプレイブックスから分化・刊行された。それは即ち、「心の中に自らの青春の輝きを失わない旺盛な知力、活力への欲求」に他ならない。応えるべきキャッチコピーは「こころ涌き立つ〝知〟の冒険」である。

予測のつかない時代にあって、一人ひとりの足元を照らし出すシリーズでありたいと願う。青春出版社は本年創業五〇周年を迎えた。これはひとえに長年に亘る多くの読者の熱いご支持の賜物である。社員一同深く感謝し、より一層世の中に希望と勇気の明るい光を放つ書籍を出版すべく、鋭意志すものである。

平成一七年　　　刊行者　小澤源太郎

著者紹介

森田悦子〈もりた　えつこ〉

日本FP協会認定AFP（ファイナンシャルプランナー）。石川県生まれ。金沢大学法学部を卒業後、地方新聞記者、編集プロダクションを経て独立。主な執筆分野は資産運用、年金、社会保障、金融経済、ビジネス。新聞、雑誌、ウェブメディアなどで取材記事やインタビュー、コラム、ルポルタージュを寄稿。共著に『NISA＆つみたてNISAで何を買っていますか?』、『500円で入門　今からはじめる株投資』（以上、standards）など。

定年前後《ていねんぜんご》のお金《かね》の選択《せんたく》　青春新書 INTELLIGENCE

2023年11月15日　第1刷

著者　森《もり》田《た》悦《えつ》子《こ》

発行者　小澤源太郎

責任編集　株式会社プライム涌光

電話　編集部　03(3203)2850

発行所　東京都新宿区若松町12番1号 〒162-0056　株式会社青春出版社

電話　営業部　03(3207)1916　振替番号　00190-7-98602

印刷・中央精版印刷　製本・ナショナル製本

ISBN978-4-413-04682-4